評論社の教育選書 31

教室からの教育改革

——同時代との対話

稲垣忠彦

はじめに――教育改革を問い直す

教育改革という言葉は、ここ三〇年来、くりかえし、ひろく流布されることにより、かえってその本来の力を失い、色あせたものになっているのではないだろうか。

一九七一年の中央教育審議会答申「今後における学校教育の総合的な拡充整備のための基本的な施策について」では、「第三の教育改革」がキャッチフレーズとされ、国家としての教育制度の出発点である一八七二年の「学制」、一九四七年の「教育基本法」にもとづく戦後教育改革につづいて、第三の教育改革がうたわれていた。

一九八四年の臨時教育審議会では、戦後教育の総決算としての教育改革が求められ、そして現在、二〇〇〇年三月発足の教育改革国民会議は、それらをひきついで教育改革の論議の場となっている。以上、三つの会議が喧伝する教育改革は、いずれも政府主導の改革であり、その組織や運営もほぼ共通のものといってよい。

一九八四年、臨時教育審議会の審議が進められていたとき、私は、小著『戦後教育を考える』（岩波新書）を執筆した。同時代として、戦中・戦後を生きた一人の人間として、そして教育研究者として、戦後の教育状況をどのようにとらえるのか、そして、その改革を、一市民としてどのように構想するかを述べたものである。

同書において、戦後の教育状況を考察した第一章「機会の平等化と質の画一化」、第二章「集権的効率とその代価」、第三章「優秀さの吟味」、第四章「もう一つの優秀さ」、第五章「教育における公と私」、第六章「混迷の中の教師」をうけて、終章の「できることは何か」では、「一人の教師でもできること」、「一つの学校でもできること」、「学校をこえてできること」など、教室からの教育改革、教師・授業・学校からの改革の在り方を、トップ・ダウンの教育改革論に対置して提言した。

私にとって、「教室からの改革」は教育改革の主軸であり、当時、それが上からの改革にのみこまれようとしている状況を懸念しての発言であった。

今日の改革の論議においても、そのような懸念は変わらない。一九九八年の中央教育審議会答申「地方教育行政の在り方について」において、学校や地域の自主性・自律性が強調され、同年の教育課程審議会答申において、授業の質的な改革が求められ、「総合的学習の時間」がその中心に位置づけられているが、教育改革国民会議の論議がそのような改革の方向とどのように関連しているのかは定かではないのである。

ここで、「教育改革を問い直す」とは、教室から、学校からの改革を中心として考えることであり、本書は一九八四年の小著『戦後教育を考える』と連続する、その後の同時代的考察である。

本書には主として、ここ七年間に執筆した文章、同時代との対話を収めている。

第一部「同時代との対話—学校・授業・教師—」は、同時代としての戦後を中心とする「学校づくり」、

「授業づくり」、そして教師教育を主題とする文章であり、その多くは戦後半世紀にあたる一九九〇年代後半に執筆している。七つの文章は、重なりをもちつつ、学校、授業、教師に焦点が合わされている。

第二部「実践者から学んだこと」は、私が、長年にわたりいっしょに学んできた実践者の著作や映像（小学館児童教育振興財団ビデオ・ライブラリー）に、求められて執筆した解説や解題である。そこには実践者の姿とともに、私自身が実践者から学んできた内容がうつし出されているといってよいだろう。

第三部「大学教師の『授業づくり』」は、大学教師としての私自身の授業の歩みである。京都大学高等教育教授システム開発センターの「第五回大学教育改革フォーラム」（一九九八年）での報告を中心とする、実践報告である。私自身の歴史であるとともに、現在、大学改革の焦点となっているファカルティ・ディベロップメントにかかわる歩みとして収めることにした。授業の実践報告は、断片の紹介となったが、機会をえて、現在の講義、演習の報告をしたいと考えている。

第四部「書評と随想」では、私にとって同時代史的意味をもつ書評と随想をあげた。佐藤学さんの三つの著作への書評は、佐藤さんの研究と実践の足跡を示すものであり、寺﨑昌男さん他による共同研究、『「文検」の研究』への書評は、戦後に消去された制度の意味の考察である。二つの随想は、私が多くを学んできた上野省策先生、上原専禄先生にかかわる小文である。

本書の刊行もまた、評論社の竹下晴信さんのお世話になった。私の教育方法研究の三部作『増補版・明治教授理論史研究―公教育教授定型の形成―』、『授業研究の歩み―一九六〇―一九九五年―』、『増補版・アメリカ教育通信―大きな国の小さな町から―』（いずれも評論社）につづく著作であるが、よりひろく教育改革を対象とする著作として、先述の岩波新書『戦後教育を考える』につづくものであり、さらにさかのぼれば、学制一〇〇周年にあたる一九七二年に、評論社から「人間の権利叢書」の一冊として刊行していただいた『現代日本の教育―状況と創造―』につながるものである。これら三冊は、教育改革の同時代史的考察の三部作といってよいだろう。ふりかえって四十余年にわたる竹下さんのご厚誼に感謝したい。刊行にあたっては、今回も編集部の人見邦男さんのお世話になった。

二〇〇〇年五月五日

伊那谷から南アルプス連峰を遠望して

稲垣忠彦

教室からの教育改革——同時代との対話

目次

第三部　大学教師の「授業づくり」……193

第四部　書評と随想……233

第一部　同時代との対話
――学校・授業・教師――

1　「学校づくり」の半世紀

一　現在、なぜ「特色ある学校」なのか

現在、なぜ「特色ある学校」づくりが、課題とされるのだろうか。

その理由として、マスコミをにぎわしている「学級崩壊」「学校崩壊」といった、学校の現場で起きている問題や病理の克服を挙げることができるだろう。しかし、それが広く課題とされてきた、より直接的な動機として、一九九八年の二つの答申を挙げることができる。

一つは、七月の教育課程審議会（教課審）の答申「幼稚園、小学校、中学校、高等学校、盲学校、聾学校及び養護学校の基準の改善について」であり、もう一つは、九月の中央教育審議会（中教審）の答申「今後の地方教育行政の在り方について」である。

中教審答申の第三章「学校の自主性・自律性の確立について」では、公立学校が地域の教育機関として、家庭や地域の要請に応じて、「できる限り各学校の判断によって自主的・自律的に特色ある学校教育活動を展開できるよう」に、「教育委員会と学校の関係の見直しと学校裁量権限の拡大」「校長・教頭へ

の適材の確保と教職員の資質向上」「学校運営組織の見直し」「学校の事務・業務の効率化」「地域住民の学校運営への参画」を推進することが挙げられている。

教課審答申では、基準改善のねらいとして、「各学校が創意工夫を生かし特色ある教育、特色ある学校づくりを進めること」を挙げている。そして、各学校の創意工夫を生かした指導が一層行われるよう、教科等の特質に応じて目標・内容を複数学年まとめて示したり、選択の幅を広げるなど、「教育課程の基準の一層の大綱化や弾力化」を図り、また、「総合的な学習の時間」を創設して「各学校の創意工夫を生かした特色ある教育活動や横断的・総合的な学習活動などを一層展開できるようにすること」が求められている。

二つの答申は、いずれも戦後教育の歴史において約四〇年ぶりの改革と言われている。地方教育行政においては、一九四八年「教育委員会法」の分権主義から集権へと転換した一九五六年の「地方教育行政の組織及び運営に関する法律」以来の変化であり、教育課程においては、一九五八年の学習指導要領における基準性の強化以来の変化とみることができる。そして地域・学校・教師の自主性・自律性の強調、授業の改造が、「学級崩壊」「学校崩壊」と言われる状況の下で、改めて求められ、「特色ある学校づくり」が課題とされていることが重要だろう。

ところで、「特色ある学校」と言うとき、授業づくり、学校づくりは、それらが本来スペシフィックであるという意味で「特色ある」ものであるという事実を考えておくことが必要である。

授業づくりは特定の子ども、特定の内容、特定の教師によって行われるのであり、学校づくりは、特定の地域、住民、子ども、そして教師の下で行われるのであり、多様な条件の下での個別的な判断が求められるのであり、本来、それぞれの個性、特長をもつのである。

現在、とりたてて「特色ある」ということが強調されるのは、個別の学校、教師の実践の個性と特色を褪色させ、喪失させてきた歴史的経緯があるためであり、その一つの条件としてここ四〇年間の教育政策や行政の施策、官僚主義による地域や学校の変化をあげることができる。

明治以来の日本の教育行政と教育実践の歴史の中で、現在の課題をとらえることが必要だが、ここでは戦後教育に限定して、「学校づくり」の歴史と現在を考え、これからの「学校づくり」の課題は何かを考えることにしたい。

二　一九五二年の「学校づくり」——斎藤喜博『学校づくりの記』

1　島小学校以前の斎藤の歩み

一九九八年の二つの答申からさかのぼって四〇年前の一九五八年に、群馬県島小学校校長、斎藤喜博の『学校づくりの記』が刊行されている。

本稿では、初めに、戦後の教育改革期における「学校づくり」の事例として同書をとりあげ、その特長を検討しつつ、四〇年を経た今日の「学校づくり」を考えることにしたい。

斎藤は一九五二年四月に島小学校の校長に着任し、一九六三年三月までの一一年間、同校に在任している。それは先述した教育政策の転換をはさむ期間であった。

島小学校の「学校づくり」の記録としては、一九五八年一一月の『学校づくりの記』(国土社)に先立って、同年三月に教師たちの授業記録『未来につながる学力』(麦書房)が刊行されており、続いて斎藤の授業観と指導の方針を示す一九六〇年四月の『授業入門』(国土社)と写真集『未来誕生』(麦書房)(三月刊)、一九六二年一二月の授業記録『島小の授業』(麦書房)、そして一九六四年七月の『島小物語』(麦書房)が公刊されている。

斎藤は一九三〇年に群馬県師範学校を卒業し、佐波郡玉村尋常高等小学校に赴任して、一九四三年まで同校に勤務している。この時期の実践は『教室愛』(三崎書房、一九四一)、『ゆずの花』(文録社、一九四二)、『教室記』(鮎書房、一九四三)に記録されている。

玉村小学校では、校長の宮川静一郎のもとで、一九二七年から奈良女子高等師範学校附属小学校の学習法、合科学習に学んで、「未分科教育」の名で合科学習を行い、学習法も取り入れていた。斎藤も一九三九年に三年生で合科学習の時間を特設し、生活題目を取り上げ、「お蚕」の実践を報告している。当時、群馬県では「大正新教育」の実践が、高崎中央小学校、群馬女子師範附属小学校等を中心として広く行われていた。

斎藤は一九四三年に芝根村国民学校に移り、そこで終戦となり、一九四七年に新制の玉村中学校に転任し、一九四九年に群馬県教組文化部長となり、一九五二年にその任期を終えて、島小学校に赴任した。

校長になるまでの斎藤のライフコースにおいて注目されるのは、玉村小学校での初任期以降一三年間の体験であり、そこでの実践記録に見られる実践者としての自己形成の歩みであり、さらにそこから実践に根ざした理論の形成を求めていく姿勢である。

一九三二年以来、斎藤は、実践とその反省の記録として「教育日録」を記している。

「朝も、授業中も、休み時間も、放課後も、必要に応じて私はこれを記した。毎日ノートが真黒になるくらいまで記した。その上○印をつけたり△印をつけたり◎印をつけたりまた赤インキで書きこみをしたりした。それは非常に乱雑に、きたなく記したものであったが、私の教育を進行させる上に、また私の教育を考えさせ発展させる上に大いに役だった。」(『教室記』)

記録と反省は、それをとおしての実践の創造の源泉となる。

教育研究、実践からの理論形成については次のように記されている。

「教育実践家の幸福の一つは、実践がわれらに無限の教育問題を投げかけてくれるということである。実践によってわれわれ自身の学問ができるということである。」「実践上の問題は実践家でなければとうてい得られない。またその解決も実践をとおしてでなければ、大部分なされないものである。ゆえにつねに問題を実践のなかに求め、方法的にそれを解決するということは、教育実際家の信条でなくてはならない。また、それは教育実際家の義務の一つでなくてはならない。実践上の問題は教師がつくるのである。」(『教室愛』)

戦前、戦中における実践者としての蓄積をベイスとして、敗戦を経て戦後の改革の中で、斎藤は組合の結成と活動に参加する。戦前、戦中の学校での体験とその批判が、改革の動因となっているが、斎藤は教職の文化的、専門的性格を重視し、文化部長として、機関誌『文化労働』(群馬県教組)の刊行、職場における授業研究会である実践検討会の推進、「職場の封建性」の調査を行っている。

戦後の教育改革の動きの中で、斎藤自身の教師としての歩みの中から生まれた活動の持続と、校長という立場での実践の展開として、斎藤の島小学校における「学校づくり」を位置づけることができるだろう。

2 「学校づくり」の第一歩

斎藤は、島小学校に赴任した四月三日の日記に次のように記している。

「私は当分これからつぎの三つに力を入れていきたい。

1 職場の民主化

2 事務の簡素化

3 形式主義・概念主義を排し、実質主義でいきたい。

しかし、以上の根本になり目標になるものは、本質的な仕事である授業を真剣にやり、授業での効果をあげるということだ。そうでなければ俸給泥棒であり、村にも子どもにも申しわけないことになる。またそうしないかぎり、教師としての主張もできないし、教師をまもり教育をまもることもできないはずだ。組合運動でも同じだ。実践をしないで運動をすることはできない。この点だけは校長としての仕事の基本としていきたい。」(『島小物語』)

第一回の職員会では、上の三項目に次の二項目を加えて職員の目標としている。

「4 地域社会全般とともにすすむ教育をする。

5 現場での研修に努力する。」

日記に見られるように、五項目の目標の基底に、教師にとって本質的な仕事である授業が位置づけられていることが注目される。実践、特に授業という実質を中心として、形式主義を排し、事務の簡素化と能率化が求められている。教案も、校長や教務主任に見せるための形式的な教案は意味がないとして廃止し、各学級で週の予定表をつくり、教室にはるように改めている。

「現場での研修」、すなわち学校をベイスとする授業研究は、斎藤が最も重視したものであった。群馬県教組の教育文化部長であったとき、斎藤は学校における授業研究を公開し検討する実践検討会を推進した。島小学校でも、日常的に授業研究を進めるとともに、その記録を『文化労働』に発表し、さらに学校としての実践記録『未来につながる学力』(一九五八)、『島小の授業』(一九六三)を刊行し、公開研究会で実践の公開を行った。

学校と地域社会との連携も、当初からの目標とされている。一九五三年の努力点として、「村の生産と文化と教育を一つのものとして、村全体がいっしょによくなっていくようにしたい」として、村教委、PTA、婦人会、青年団、自主的な研究サークル等との連携を目指している。この年から始まる島村と東京大学社会教育研究室との連携による全村総合教育のプロジェクトはその一環であった。

斎藤の「学校づくり」の構想と実践には、明確な構造がある。それは「授業づくり」を中軸とする「学校づくり」であり、そのために教師の研修、「教師づくり」が重視されるという、授業・教師・学校の三位一体の関連であり、それを地域、父母、さらにひろく教育界、社会に開いていくという構造である。斎藤の実践は全国的に注目され、『授業入門』は多くの教師に読まれてきた。一九五五年から始まる八回の公開研究会は多くの参加者を集めた。

3　教育政策の変化の中で

先に述べたように、教育政策の変化は、一九五四年の教育二法の公布、一九五六年の地方教育行政の集権化、一九五八年の学習指導要領の改訂等によって具体化する。政策の変化に伴い、文部省と組合との対立は激化し、その結果として学校内の対立をもたらす不幸な時代が続いた。

斎藤は一九六九年に退職した後、一九七四年八月から翌年三月まで、宮城教育大学の教授として教員養成に当たるが、それ以外に各地の学校で授業の指導を行い、いくつかの大学で非常勤講師として指導に当たった。

各地の学校で行う指導を、斎藤は「教育コンサルタント」と自称したことがある。学校づくりを支援し、学校からの改革の拠点を築いていくことを自分の課題としていたと言ってよいだろう。

一九七二年に行われた斎藤と海後宗臣（東大名誉教授・日本教育史）との対談がある。『毎日新聞』が学制一〇〇年を記念して企画したものだった。学芸部の金井俊夫記者から適任者の相談を受けたとき、筆者は研究者として教育実践に注目し、一八七二年の学制以来の日本教育史の研究者である海後と、実践者である斎藤を推した。限られたスペースに圧縮された対談にあきたらず、速記録を見せてもらったのだが、そこには斎藤のこれからの教育の改革に向けての構想が熱意を込めて語られていた。

教育改革では、なによりも学校から、現場からの変革が重要であり、その芽生えは現在すでに見ることができること、自分はいくつかの学校に指導に行っているが、各地にそのような改革の拠点となる学校ができており、それが教師や学校に伝播していくことによって、日本の学校は変わっていくのだという主旨だった。そのような拠点となる学校が数十校できれば、それが核となって改革が伝播し、大きく変化していく可能性はあり、すでに一〇校ばかりでそのような試みが始まっているという発言だった。

それは斎藤が各地の学校に通い始めていた時期であった。

○神戸市立御影小学校、一九六七〜一九七四年、二二回、延べ五六日
〈授業公開研究会八回、音楽発表会四回〉
○広島県世羅町立大田小学校、一九七一〜一九七六年
〈公開研究会六回〉
○北海道室蘭市立啓明高等学校、一九七二〜一九七七年
〈公開研究会五回〉
○青森県十和田市立三本木中学校、一九七四〜一九七六年
〈公開研究会三回〉
○石川県小松市立東陵小学校、一九七五〜一九七七年、一〇回、延べ二二日
〈公開研究会二回〉
○長崎県森山町立森山東小学校、一九七七〜一九七八年、五回、延べ一三日
〈公開研究会一回〉
○兵庫県姫路市立四郷小学校、一九七八〜一九八〇年、四回、延べ九日
〈公開研究会三回〉
○広島県呉市立鍋小学校、一九七七〜一九八〇年、七回、延べ一八日
〈公開研究会三回〉

○青森県六戸町立七百中学校、一九七六〜一九八〇年、一〇回
〈公開研究会四回〉
○兵庫県宝塚市立逆瀬台小学校、一九七七〜一九八〇年、一一回
〈公開研究会三回〉

以上は、雑誌『開く』三〇号（明治図書、最終号）に掲載された記録から取り出したものである。逝去の前年まで、斎藤の精力的な指導が続いている。「教育コンサルタント」とは、斎藤においては、対談に見られるような構想を実現するための、精根を傾けた、地をはう仕事であったのだと思う。

多くの教師が直接に斎藤の指導を受け、公開研究会には数百から、千を超える教師が参加している。教室から、学校から、授業を中心として教育を変えようとした斎藤の苦闘は、日本の教育の流れが大きく変わってゆく時期において、その潮流と対峙するものであった。また、高度経済成長と進学率の上昇による、受験中心の教育が広まる時期でもあった。斎藤が対談で述べた構想は、このような状況の下で閉ざされ、そのような教育の見直しに四〇年の年月がかかるのである。

4　「学校づくり」と校長

斎藤の『学校づくりの記』の刊行から四〇年が過ぎた。先に延べた一九九八年の二つの答申に見られる、およそ四〇年ぶりの変化の中で、「学校づくり」「授業づくり」が現在の課題とされている。

「学校づくり」は学校全体として、教職員全体で進められるものである。しかし、その中心は校長であり、校長のリーダーシップである。

中教審答申の第三章「学校の自主性・自律性の確立について」では、校長と学校の現状として、「校長の在職期間が短いことから校長が自らの教育方針に基づいて学校運営に手腕を発揮することが困難になっているとともに、教職員の意欲と取組を引き出すリーダーシップが欠けている場合がある」「全体として横並び意識が強く個性や特色ある学校づくりへの取組が不十分であることなどから、公立学校が全体として没個性的になっている」「学校が外部に対してとにかく閉鎖的であり、家庭や地域との連携が十分でない」ことなどが挙げられ、「公立学校が地域の教育機関として、家庭や地域の要請に応じ、できる限り各学校の判断によって自主的・自律的に特色ある学校教育活動を展開できるようにするため」、関連する制度と運用について見直し、改善を図ることが必要であるとしている。

5　三つの学校の事例

現在、どのような「学校づくり」が試みられているのか。そこにはどのような特長や個性があり、求められている改善に対して、どのような示唆を与えているのか。以下では三つの学校を取り上げて、校長の役割、リーダーシップに注目して、それぞれの特色を見ることにしたい。

三校のうち二校はこの巻（『特色ある学校をつくる』）に記録が収められている東京都江戸川区立平井西小学校（前島正俊校長）と三重県四日市市立富洲原小学校（石井順治校長）であり、他の一校は神奈川県茅ヶ崎市立浜之郷小学校（大瀬敏昭校長）である。

平井西小学校、富洲原小学校では、校長の教師としての歩みと、校長としての役割に注目して、そのリーダーシップの質を検討し、新設校の浜之郷小学校については、最近の改革動向の中での、地域教育委員会と学校の試みとして取り上げることにしたい。

三　平井西小学校（前島正俊校長）の事例

1　前島さんとの出会い

前島さんの教師としての歩みの紹介から始めることにしよう。

前島さんは一九六五年に東京学芸大学を卒業され、小学校に着任、一貫して小学校に勤務し、一九八九年に教頭となり、一九九五年に東京都江戸川区立平井西小学校の校長に着任されている。

前島さんと私との出会いは、一九七一年になる。私が当時勤務していた東京大学教育学部でひらいていた月例の研究会、第三土曜の会でだった。「教師になって六年目になり、マンネリになっている感じがして、やってきました」というのが自己紹介の言葉だった。

月例会に欠かさずに参加され、また私が斎藤喜博さんたちと一緒に世話人をしていた、「教授学研究の会」にも参加された。あれは、一九七三年、伊豆の湯ヶ島の合宿研究会でのことだった。前島さんは合唱「玩具のシンフォニー」の実践報告をされた。そこで、指揮法が問題となり、前島さんは一五〇人ばかりの参加者の前で指揮をされることになった。前島さんの懸命の指揮の手に、途中から斎藤さんが手を添えて、指揮のリズムを変えていった場面が記憶に残っている。

2 「らくがき帳」のこと

一九七八年、日本教育学会のある研究部会で、教師の成長に関する調査を実施したとき、前島さんにインタビューをお願いし、教師を志望して以来の歩みをうかがった。

そのときに、前島さんが毎日つけられている実践ノート「らくがき帳」のことを知った。

教師になっての初任期、若い前島さんは、新鮮な気持ちで子どもに取り組む。毎日遅くまで子どもに付き合い、日曜日にも下宿に子どもが訪ねてくる。三年目、四年目と職場や仕事に慣れてくる。子どもの指導についても自信がついてくる。その頃、七歳年上の職場の先輩から「前島さんの授業には具体性がないね」という指摘を受けた。「具体性がない」ということは、その先輩によれば、授業での前島さんの言葉や指導が、どのように子どもに伝わり、子どもに何を考えさせ、その反応をどのように受け止めているかという関連が不明確であり、教師と子どもとのかみあった相互作用が見られない、前島さんが自分では教えたつもりでも、具体的な働きかけになっていないという指摘であった。

この指摘を受けて、前島さんはショックをうける。このショックを機会に始められたのが「らくがき帳」であった。大学ノートに記された記録は、一九七〇年から九年間で六〇冊をこえていた。

お願いして読ませてもらった「らくがき帳」は、教師としての歩みの記録であり、授業における具体性の追求の記録であった。授業での子どもの発言の回数の調査、子どもの観察の記録、教室や保護者会で話した内容、先輩と一緒に飲んだときに得た指導のヒントなどから始まり、子どもの作品に対する感想、教材研究、授業の構成や展開についての工夫、さらには授業の記録が多くなってくる。それは授業の具体性を求めた実践の試行と反省の軌跡であった。また校内外の研究会で学んだことも記録されていた。

3　中堅教師として――校内研究と同僚性――

前島さんが勤務されていた江戸川区立S小学校で授業研究会が始まり、私も参加した。全員で授業を見て、その授業について具体的な検討を行い、教師としての力量を高めていくことを目的とする研究会だった。中堅の前島さんは世話役だったが、進んで自分の授業を検討の対象として、研究会を支えていた。校長も一員として参加して発言され、真剣な、そして楽しい研究会だった。詩人の田村隆一さんや石垣りんさんに詩の授業を見てもらい研究会に加わってもらったこともあった。その後、校長が変わり、研究会の雰囲気が変わった。新しい校長はある教科のベテランとして知られ、かつては組合のリーダーで、研究にも理解があると先生方から期待されていたのだが、研究会での発言は講評的であり、自分と異なった意見にたいしては高圧的に持論を主張され、研究会の空気は重苦しいものになっていった。

一九八〇年に大杉東小学校に移られ、研究会に新卒の服部さんと一緒に見えるようになった。

服部さんは、前島さんと同じ五年生の担任だったが、子どもたちは期待どおりには動かない、特に授業が成り立たない。大声でどなり、時には殴るなどして、子どもたちを押さえ、授業を進めるのが精一杯だった。それは多くの新卒の教師が体験することだろう。一方、隣りの前島さんのクラスでは、静かに授業が進められていた。服部さんは、隣りのクラスに見学に行き、前島さんに相談する。それが研究会にこられたきっかけであった。

以上は私の知る、ごく一部のエピソードであり、学校における同僚との協力や学び合いの断面である。

先輩から学び、やがては後輩の相談に乗る。そして学年と学校全体での学び合いを大切にする。そのような前島さんに対する同僚の信望を、学校や研究会で感じることができた。

教頭になり、校長になっても前島さんのスタイルは変わらなかった。「らくがき帳」は書き続けられ、そして、教頭になられて、ある時期から先生との交流のためにプリントにして配られるようになった。また、学校とは別に、毎月第二土曜日に小さな研究会「糸杉の会」を始め、実践の報告と検討の会を続けられている。

平井西小学校の校長になって今年（一九九九年）は四年目である。

4　本巻の記録「教師のひびき合いが学校の特色をつくる」から

「特色ある学校づくりは、……日々の教師の仕事をいかに豊かなものにしていくかにかかっている。しかし教師の仕事は、一つずつ石を積み上げていくような地道で迂遠な営みの中にある。時に背のびしたり、新しいものにチャレンジしたり、また先人の実践を真似たりしながら、少しずつ自分らしいものを生み出していくものである。」「真摯に子どもと向き合い、全力を傾けることで掛値のない自分を見いだしていく、それが大切だと思うのである。」

文中のこの言葉は、前島さん自身の歩みを示す言葉だと思う。三〇年近い交友においてそう思うのである。前島さんの「学校づくり」は、自分の教師としての歩みに基づく信条から出発している。

「余計な虚飾を廃して、教材や子どもにまっすぐに対していくこの姿勢は、教師の仕事を創造的にし、教師間の話し合いや取組みを変えていくに違いない。」

これも前島さん自身の姿勢であり、そしてこれまで一緒に実践と研究を進めてきた同僚や研究会の仲間の姿である。

学校の在り方としては、「垣根のない職員室、風通しのよい職員室、学ぶ喜びに満ちた職員室にしていくこと」が目標とされている。これは前島さんが教師になられてからの一貫した願いだったのだろう。そして現在、校長として、そのような「学校づくり」が目指されているのである。

記録では、続いて江戸川区教育委員会研究校として取り組まれた「豊かな表現力を育てる〜ひびき合う授業の創造をめざして〜」をテーマとする国語の授業研究会の様子が紹介されている。

私も一九九八年六月から同校の研究会に参加した。一九九九年一一月の公開研究会を含めて九回ほど参加したことになる。

研究会では、毎回、二人の先生が授業をされ、全員がその授業をみて検討が行われた。

一人ひとりの子どもの表現に注目して、子どもへの理解が深められ、また、事前の教材研究だけでなく、授業研究を通して教材研究が深められていった。

研究会に参加して、その最も重要な特長は楽しい会だったということである。参加者は、自由に、率直に、自分が感じたこと、解釈、意見を述べ合い、校長や教頭も、そして参加された指導主事も会の一員として発言された。研究会は一人ひとりの個性や考えを表現し、交流し、相互に理解しあう場であり、それが「学校づくり」においても重要な役割をはたしていたと思う。

5　公開研究会のこと

一一月の公開研究会では、全クラスの国語の授業が公開された。それぞれの先生が自信をもって授業をされ、子どもたちの伸びやかな姿と集中が印象的であった。どの子どもも、それぞれに認められ、居場所をもっている温かさが感じられた。

授業に続いて、体育館での全体会で、多くの参加者を前に、学年ごとの表現発表が行われた。一九九九年度から、児童集会の中に各学年の表現の発表の場を設け、詩の群読、呼びかけ、合唱等を発表している。表現の発表について、前島さんは「平井西小だより」で次のように紹介している。

「一人一人が自分の足でしっかりひな壇に立ち、息を整えます。いい顔をしています。中に、ちょっと恥ずかしそうに足が動き、目が落ち着かない子もいますが、発表が進行するに連れ、気持ちがふっきれ集中して行きます。次第に息が合い、こもりがちだった声も明るく前に出て来ます。子どもの表情が輝きを増します。それに耳を傾ける子どもたちの動きがぴたっととまり、心地よい緊張感が体育館に広がって行きます。そして、発表が終わると、どこからともなく、場内に満足したようなため息がもれて、余韻が尾を引くのです。」

全体会の発表の後で、会場で言葉を交わしたお母さんは、「一人ひとりの子どもが立派に見え、自分の子どもも、違った姿を発見したような気がします」と話されていた。

その他に、当日、気付いたことは、親と主事さんたちの献身的な協力であった。駅から学校までの案内、校内の案内にも心がこもり、また、反省会での料理はすべて主事さんたちの手作りの御馳走だった。終了後の懇親会には主事さんたちも参加され、教職員全員の「学校づくり」であり、公開であることを示していた。「学校づくり」の質はこういうところに正直に表れるのだろう。

全体会での表現発表のしめくくりは、六年生と全職員の「細い道」の合唱だった。その指揮を前島さんがされた。その姿を見ながら、はじめに紹介した一九七三年の湯ヶ島の研究会での、前島さんの「玩具のシンフォニー」の指揮を二重写しに思い浮かべていた。そして前島さん自身の歳月を重ねての持続と、奈良女子高等師範学校附属小の木下竹次、玉村小の宮川静一郎、島小の斎藤、そして前島と、時代的な背景を異にしつつ、それぞれに特色をもつ「学校づくり」の系譜を考えさせられたのである。

四　富洲原小学校（石井順治校長）の事例

1　石井さんの教師としての歩み

初めに、石井さんの教師としての歩みを、一九九九年六月に刊行された『授業づくりをささえる――指導主事として、校長として』（評論社）に記されている記録から跡づけておこう。

一九六七年に三重大学を卒業され、尾鷲市の小規模校に着任されている。最初は学生気分での生活だったが、同僚であるベテランの笹島百合子先生の影響を受けて、学級通信を発行したり、国語の授業の工夫をしたりするようになったとされている。また、大学時代の友人から『斎藤喜博全集』（国土社）を紹介され、その授業論に影響を受け、斎藤の指導した神戸市御影小学校の公開研究会に参加し、卒業式の形式を変えたり、国語の授業づくりに取り組んでいる。

御影小学校の公開研究会や音楽会への参加がきっかけとなって、国語教育について著作を出されていた同校の氷上正校長に手紙を出し、授業記録を見てもらう。教師になって五年目の時期である。

三重作文の会に入り、綴り方教育にも取り組む。

一九七四年、定年で退職された氷上さんに頼み、毎月授業記録を送り、批評を受け、さらに直接に授業を見てもらい、氷上さんを中心とする「授業をつくる会」に参加して、毎月、第四土曜日に三時間をかけて三重から神戸に通い、実践の発表をして検討を受けている。

「授業をつくる会」に引き続いて、一九八〇年に「国語教育を学ぶ会」が発足し、事務局長を担当する。

私が石井さんと出会ったのは一九八二年であり、「国語教育を学ぶ会」の研究会でだった。当時、私が試みていたビデオを利用した授業の事例研究を紹介し、その場で試行するために授業のビデオの準備をお願いした。それに応じていただいたのが石井さんであり、それ以来「国語教育を学ぶ会」では、ビデオを利用しての授業研究が始まり、その頃に三重大学に着任された佐藤学さんの参加、協力によって、「授業のカンファレンス」とよんでいた研究方法が定着していった。

研究の発展として、演出家の竹内敏晴さん、詩人の谷川俊太郎さんの参加による国語の授業研究、さらに、河合隼雄さん、佐伯胖さん等を加えての『シリーズ　授業～実践の批評と創造～』(全一一巻、岩波書店、一九九一―一九九三)、日本児童教育振興財団(小学館)の「授業研究セミナー」など、石井さんとの共同研究が続いている。

一九八九年に、石井さんは四日市市教育委員会指導主事になられ、つづいて九二年から三重県教育委員会指導課指導主事、総括指導主事を経験し、九四年から四日市市で中学校、小学校の教頭、校長を歴任し、現在、三重県四日市市立富洲原小学校校長をされている。

指導主事になられた時の、石井さんの困惑の様子を覚えている。そのときのことを『授業づくりをささえる』では、次のように回想されている。

「それは全く寝耳に水のものだった。学校に戻った校長に呼ばれ、この内示を聞いた私は、うろたえた。その時、私は四五歳。その学校に転勤して三年目だった。学校の雰囲気はよく、研修委員長を任された私は張り切っていた。四日市市教育委員会の嘱託研究校にも名乗りを上げ、平成元年度から着手できる事になっていた。(中略)私には実践者としてやりたいことが山ほどあった。そんな矢先の内示である。私に学級がなくなる。子どもたちとの世界に別れを告げなければならない。授業実践にもピリオドを打たねばならない。それは、これまでの世界との決別を意味するものに思われ、その寂しさに我を失った。」

教室と子どもから離れること、そして、石井さんにとって、「教師としての拠り所」であった「国語教育を学ぶ会」との関係がうすくなることが、ショックを受けた理由であった。

その後、石井さんは指導主事として、教頭として、校長としての実践が続くのであるが、教師としての経験を十分に生かして、それぞれの仕事を進められ、また「国語教育を学ぶ会」への参加も継続し、それが指導主事、校長の仕事に生かされていくことになるのである。

本巻に収められている石井さんの記録に、そのような関連を認めることができるだろう。

2　本巻の記録「『ふれあいと学びあいのある学校』に」から

記録の2「地域教材を基にした授業づくり」では、富洲原小学校で進められている地域教材を基にした生活科・社会科の授業づくりへの石井さんのかかわりが述べられている。

まず、授業づくりのための学年会の研修に十分に時間がとれるように、企画委員会を廃止するなど、会議を整理されている。ついで各学年会に、一員として参加するとともに、職員の授業づくりに伴走して、支えることを大切にされている。

また、校長の多忙な職務の中で、職員とのコミュニケーションの方法として、校長の独り言通信「日々雑感」を出されている。

3「学校づくり構想の策定」では、学校像として「ふれあいと学びあいのある学校」を提起し、その構想を職員と共同で具体化されている。構想づくりは、一人ひとりの実践と関連をもちつつ進められている。

3　教師教育者としての校長

石井さんの記録は、新しく着任された学校での第一歩の記録である。しかしそこに、石井さんの教師としての経験と歩み、指導主事、教頭、校長としての経験がこめられ、反映している。

そこに見られるのは、実践のリーダーであり、学校づくりのリーダーであり、教師の援助者としての教師教育者の役割である。

教師教育者、Teacher Educator という言葉から何が思い浮かべられるだろうか。

まず、教員養成大学の教師は教師教育の担当者であり、教師教育者と言えるだろう。しかし、その多くは細分化した学問分野の専門家であり、実践の経験や理解に乏しい。そして、そのような実態の改革が、現在、教員養成大学の課題とされている。

指導主事はどうか。アドバイザーという名称のように、教師への援助者である。しかしその現状は、制度化された教員研修のプログラムの運営に追われ、学校での研究会への参加は継続的ではなく、その発言も形式的な批評にとどまっていることが多い。

学校の中心である校長はどうか。一般的には、管理的な職務に忙殺され、学校に腰を据えて教師への援助ができにくくなってはいないだろうか。また、その援助を教師が忌避する傾向も、長期にわたって存在していた。

先に挙げた石井さんの『授業づくりをささえる――指導主事として、校長として』は、今日求められている教師教育者の姿を示すものであり、石井さんの教師としての歩みと校長としての現在の役割は、教師教育者としての条件とその形成において何が重要であるかを示していると思う。

4　校長としてのリーダーシップの質

石井さんの同僚との関係、校長としての職員との関係を見て、考えさせられるのは、リーダーシップの質である。

石井さんが、かつて影響を受け、直接にも指導を受けた斎藤喜博さんのリーダーシップは、いわば親方的、マイスター的なものであった。親方として、弟子や後輩を鍛えるという姿勢が強かったと思う。

氷上さんにおいても、国語教育について自信をもって後輩を指導するという立場であった。三〇年を経て、石井さんのリーダーシップは、二人とは異なっているように思う。あくまで、一員（ワン・オブ・ゼム）として、研究仲間（コリーグ）としての立場での共同の研鑽であり、その助言は、自分の経験と相手の経験とを重ねつつ、問題点を指摘し、代案を提出し、実践に即して、共同の反省として授業を検討し、提言していくという立場である。その指摘が厳しいものであっても、それは、外側や上からの意見ではなく、内側の代案として受け止められ、受け入れられているのだと思う。

研究会で一緒になるときのことであるが、会の後で、石井さんは同僚や研究会の仲間と旅行されることが多い。息抜きの場所を探し、自分もその一員として楽しそうである。自分も裸になって楽しむ自然さに、今日のリーダーシップのあり方を見るのである。

五　浜之郷小学校（大瀬敏昭校長）の事例

1　新設校としての出発

三番目に取り上げる神奈川県茅ヶ崎市立浜之郷小学校は、一九九八年四月に発足した新設校である。校長の大瀬さんとは、一九九八年の夏に初めてお会いした。前島さん、石井さんのように長期にわたる交友ではなく、そのライフコースについても、まだうかがっていない。しかし、今日の「特色ある学校づくり」として是非取り上げたい学校である。

それは現在の教育改革において求められている、地域をベイスとする改革の事例であり、理論的な根拠に立つ意識的な「学校づくり」の実践であり、その可能性を問う例と考えるからである。

浜之郷の実践が広く紹介されたのは、一九九八年九月二六日のNHKの『教育トゥデイ』「地域に開かれた学校」と一九九九年二月一三日の『教育トゥデイ』「教室を開き授業を変える」によってであった。一九九八年八月の授業研究セミナーで初めて大瀬さんと先生方に会い、「学校づくり」の報告を聞いた。一九九九年二月一日の同校の公開研究会に参加し、同年八月一八・一九日の「授業と学校づくりセミナー」で詳しくその後の経過を聞くことができた。ここでは、大瀬さんの「学び・育ちあう『学びの共同体』としての学校の創造」（学び方研究会『学び方』一九九九年三月号）と、同校の学校づくりに研究者として参加されてきた佐藤学さんの『教育改革をデザインする』（岩波書店、一九九九）、そして先述のセミナー、公開研究会の資料等に基づきつつ紹介したい。

2　改革の起点

これまでの例で見たように、教育改革とか、学校づくりの起点には、特定の人や人々の出会いがあると言っていい。浜之郷小学校もそうであった。

一九九七年の春、茅ヶ崎市教育委員会指導課は、茅ヶ崎市独自の教育構想として「茅の響きあい教育プラン」の策定を進めていた。議論が続き、方針を模索していたとき、責任者であった指導課長の大瀬さんは佐藤さんの『カリキュラムの批評』（世織書房、一九九六）に出会う。そこに示されている「学びの共同体」としての学校観に共感し、指導主事全員の読み合わせを行い、佐藤さんに、市の教育改革へのアドバイザーと、パイロット・スクールとなる新設校への協力を依頼された。

市の教育構想が、単なる構想ではなくパイロット・スクールの計画として、具体的なプロジェクトとして進められたことは重要だろう。構想、指針を市内の教師に提示するために、佐藤さんの「学び・育ちあう学びの共同体」の講演会（有料）を開き、新設校の学校づくりに参加したい人は希望を出してほしいという呼びかけを行っている。教育委員会として、新設校の人事は母体校から移動するという通常の人事の方式を大きく変えて、全市的に着任の希望者を募るという方針は、「学校づくり」にとって重要な方策だったといえるだろう。

私立学校においては、大正六年の成城小学校等のように、新しい理念と方針の下で、それに共感した教師たちによって学校が創設されるという先例はある。米国の学校で、そのような方針をもって新しい改革を進めた例にも出会った。「特色ある学校づくり」と言うとき最も重要なのは人事ではないだろうか。浜之郷小学校の出発では、そのような、希有な、しかし当然に必要とされる方針がとられたと言ってよいだろう。そして、校長には改革と新設校の構想づくりの中心であった大瀬さんが選任された。

「茅の響きあい教育プラン」という、茅ヶ崎市の教育改革と結び付いた浜之郷小学校の課題として、大瀬さんは「学び・育ちあう『学びの共同体』としての学校の創造」「教育課程の開発」を挙げられている。「教育課程の開発」は、カリキュラムと授業の開発であり、「学校づくり」「カリキュラムづくり」「授業づくり」が一体として課題とされ、さらに学校と地域の自主的・自律的な実践の創造が課題とされているのである。

3 学校経営の基本構想と挑戦

大瀬さんが校長として提出された学校経営の構想は下図のとおりである。

佐藤学さんは、基本構想にこめられた新しい試みとして次の五点を挙げている。

第一は、教室における改革であり、「学びを中心とする授業の創造」である。教科書と黒板とチョークの授業から、「モノと対話し仲間と対話し自分自身と対話する『活動的で協同的で反省的な学び』を実現する授業づくり」を目指しての授業づくりが、それぞれの教室で取り組まれた。

第二は、時間割の弾力的な編成である。午前中は二つの九〇分授

浜之郷小学校学校経営の基本構想

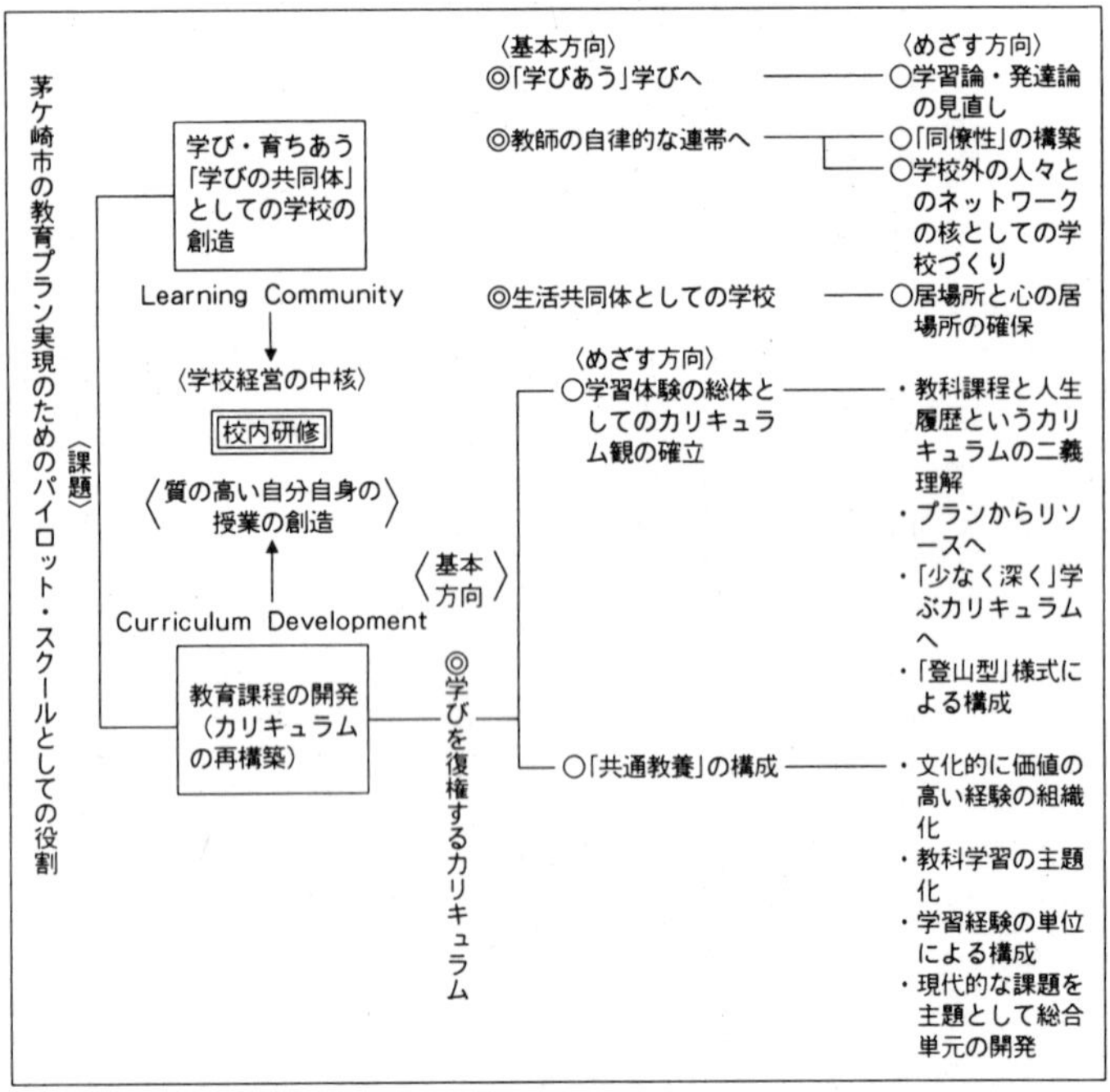

［出典］佐藤学『教育改革をデザインする』岩波書店，1999

業で、質の高い創意的、探求的な授業が可能な条件を保障し、さらに、教師の判断で組み合わせたり、分割できるようにしている。午後は四五分授業とされている。また形式的な集会はやめて、朝の一五分間は読書の時間、算数・国語の基礎技能の練習に当てている。

第三は、学校運営の中心に、教師の専門性、同僚性の形成を目的として、授業の公開とその事例研究を位置づけ、毎週の学年会の授業研究と月一回の校内研修が行われている。大瀬さん自身も、社会科の地域教材を開発し、クラスを借りて授業をされ、一員として参加されているという。

第四は、授業の研修、カリキュラムの開発に十分な時間をとるために、学校組織の徹底した単純化を行っている。三〇、四〇もの校務分掌や委員会が置かれ、会議や雑務に追われている状況を大きく変え、「一人一分掌」として、責任をもって提案し、職員会で協議し決定するシステムがとられている。機構と組織の単純化は、職員会議の民主化と学年会の協同を促進したとされている。

第五は、親や市民の「学習参加」である。漢字や計算の学習のチューターとしての参加、地域学習のフィールド・ワークへの参加など、それぞれのクラス、学年で取り組まれている。

以上の改革は、佐藤さんと教職員との協同で行われていった。佐藤さんは、授業の事例研究を中心とする毎月の校内研修にも参加された。

4　浜之郷小学校の「学校づくり」のもつ意義

開校以後、二年足らずの浜之郷小学校の学校づくりを紹介した。同校の試みはどのような意義をもっているだろうか。

第一は、先に上げた二つの学校とくらべて、茅ヶ崎市全体の教育改革という、地域的な背景と関連をもっていることである。二つの学校も、地域をベースとし、教育委員会との協力関係をもっているのだが、茅ヶ崎市では、より明確な方針と構想をもって進められていることは注目してよいだろう。

第二は、改革の理念、理論に基づく構想であるとともに、特定の学校の具体的な、生きた学校づくりとして、そこで生まれてくる問題や困難に当面しつつ、それを協同で乗り越えていく過程であるという特徴である。

戦後、多くの改革構想が、いわゆる「構想だおれ」の運命をたどり、多くの理想が現実の壁の前に挫折した。茅ヶ崎市の構想は、具体的な実践、実験の場をもつことによって、構想だおれ、理念どまりをまぬがれることができるだろう。

第三は、進行中の改革の公開の意味である。同時進行で、開校からの経過を記録し全国に公開されたことに、私は驚かされた。しかし、よく考えると、パイロット・スクールであること、実験校であることには公開が求められるのである。すなわち、失敗やつまずきを、ありのままに示すことによって、パイロット・スクールとして、実験校としての役割が果たせるのであり、そこから学ぶことができるのである。公開は実践の成果を示すものでもあるが、ありのままの姿を示して、参加者の検討と反省の材料となることに、より大きな意義があるのである。父母に対して、市民に対して、茅ヶ崎市の教師に対して、さらに全国の教師、教育行政関係者に対して、そして教育研究者に対して公開されていることの意義は大きいであろう。

第四は、実践と理論との関係であり、実践者と研究者との関係である。佐藤さんの著書に出会い、改革と研究への参加を求め、実践を中心とする研究を継続し、実践を創造していくという密接な協同が進められている。それは実践者とともに、研究者である佐藤さんにとって理論の実証であるとともに、貴重な学びであったに違いない。

第五は、これからの問題であるが、公開された改革が、どのように伝わっていくのか、パイロット・スクールの実践が、どのように受け止められ、そこから新しい実践がつくりだされていくかが重要だろう。それは、時間をかけて検討されるべき問題である。また、それが伝わりにくいという事実の検討、改革をさまたげるものは何かの検討も必要であろう。

浜之郷小学校の事例は、特色ある学校づくりの一事例であるとともに、より広く教育改革の実践事例として、位置づけられるものと言ってよいだろう。

六　現在、「学校づくり」に求められるもの

1　社会の変動と「学校づくり」

戦後史の中で、四〇年を隔てた「学校づくり」の実践を取り上げ、「特色ある学校づくり」とは何か、これからの「学校づくり」に何が求められているのかを考えてきた。

四〇年を振り返り、改めて考えさせられるのは、社会の変化と「学校づくり」である。

この四〇年は、政治、経済、社会、文化において、大きな変動の時期であった。教育においてもその変化は大きい。たとえば、教育における平等化と高度経済成長は、進学率の上昇をもたらし、受験競争

の激化をまねいた。バブルの崩壊、そして経済不況は、社会的な不安定を増している。不登校、最近の「学級崩壊」など、授業の質が問われ、公立学校の役割が問われ、その改革が課題となっている。

「特色ある学校づくり」はこのような歴史的、社会的文脈の中で課題となっているのである。地域、社会の変動と公立学校の役割を考えるとき、米国のオバリンのある校長の言葉を思い出す。一九八三年に九年ぶりにオバリンを訪ねたときのことである。当時は、深刻な不況下の米国だった。都会だけでなく、自動車産業地帯の周辺にあるオバリンにもその影響が及んでいた。

小学校の校長のトスさんは、インタビューで次のように話していた。

「一九七四年当時と比べて子どもたちをとりまく環境は不安定さを増している。経済事情の悪化は、家庭や地域のストレスを増し、人口の移動も多くなった。若い親や片親の家庭も増加している。家族の構成も変化し、かつては地域を支える力となっていた教会の影響力も弱くなっている。このような不安定さの中で、我々教師たちは、学校が地域において最も安定した公共の制度であり、オバリンにおいて公教育の役割を実証していくことが求められていると話し合っている。我々の仕事の中心は子どもを教えることだが、それを超えて親や地域を援助しサポートすることが必要になっている。」

具体的な援助としては、若い親への相談相手になること、地域活動への教師の参加、高齢者への学校施設の開放などを挙げていた。

社会の変化の中で、公教育の役割、不安定な地域での公立学校の役割が、教師から、学校からの言葉として出ていたことを思い出すのである。

「特色ある学校づくり」を、社会の変動の中で、現在の公立学校の役割として問うことが必要である。単に、一九九八年の二つの答申を動機とする、「上から」の要請としてとらえるのではなく、社会、地域の問題を受け止めて、学校からの、実践者からの課題となることが必要だろう。公教育の役割、公立学校の役割が、現在の日本において問われているのである。

2 学校は何をするところか

「学校づくり」を考えるとき、その前提として、学校は何をするところかが問われるだろう。学校の基本的な役割は、子どもの学びを援助することであり、それは一人ひとりの学びの援助であるとともに、子どもたちが共同で学び、成長していくことの援助である。個の成長と、社会的な連帯の基礎の形成が、学校という共同の場の目的である。「学びの共同体」としての学校であり、そこには教師の学び、成長も含まれている。

このような学校観は、すでに島小学校においても認められ、紹介した今日の三つの学校においても、共通の課題とされている。そして、それをどのように、それぞれのスペシフィックな場と条件の下で具体化していくのかが、「学校づくり」の課題とされ、取り組まれているのである。

学校が塾と異なるのは、学校においては共同性、公共性の構築が不可欠の課題であり、それが地域、社会の連帯や共同の基礎となるという点にある。そのような学校の基本的な役割を中核にして、学校の仕事を整理し、実践と研究を充実させることが求められる。三つの学校においては、そのような観点から学校の仕事を見直して、優先すべき実践と研究を重視する工夫がそれぞれに試みられている。

3　地域との連携

地域・父母と学校との関係において、ここ四〇年の変化は大きい。地域の変貌とともに、父母の変化も大きい。「学級崩壊」「学校崩壊」の論議において、親や家庭の変化が原因として挙げられることが多いが、より広い背景をもつ変化としてとらえ、学校、教師との関係を見直すことが必要だろう。

四〇年前、斎藤の場合、職場の民主化とともに、地域の封建制の克服が課題とされていた。教師は、知的なリーダーであり、啓蒙的な姿勢が色濃く認められる。四〇年を経て学歴構造は変わり、女性の就労状況も大きく変わっている。そのような変化の中で、教師と父母や地域の人々との関係も変わってくるだろう。上からの啓蒙家ではなく、対等な市民として、そして専門家として、協力していくという関係を築くことが求められている。

現在の三つの学校において、新しい協力関係が認められる。生活科や総合的な学習において、地域に関するテーマについて地域の人々の協力が必要となり、先生方も地域の人々から学ぶ機会が多くなっている。

学習参加においても、ともに学ぶという関係が重要となっていくだろう。浜之郷小学校の公開研究会で、お年寄りが、昭和初期の地域の消防組織や村の様子を生き生きと話していたが、それは子どもにとってだけではなく、親や教師にとっても新しい知見であった。また農業、畜産、環境等、父母の専門的な知識や技術も生かされている。

英国の学校では、日常的にボランティアの姿を見かけることが多い。子どもに寄り添って、子どもが本を読むのを聞いている老紳士、個別に計算の指導をしている親などである。中央教育審議会答申が挙げている学校評議会も、このような地域と学校の実質的なつながり、連携が存在することによって、初めて有効に機能するのであり、そのような絆を欠くときは、官僚主義的組織が、新たに加わるという結果になるだろう。

4 校長の役割

「学校づくり」において、中核となるのは校長であり、そのリーダーシップである。それぞれの学校、地域のスペシフィックな特性や条件の中で、職員と協同で、どのように「学校づくり」を進めていくかが校長の課題であり、本稿でとりあげた四つの学校においても、校長が「学校づくり」において中心的な役割を果たしている。それぞれの個性やスタイルを示しているが、校長のリーダーシップの質において共通に認められる特長を挙げておこう。

第一に挙げられるのは、教師のリーダーであるということである。英国では校長はヘッド・ティーチャーと呼ばれるが、実践者としての教師のヘッドであり、実践における教師の相談相手、助言者であることが求められている。教師という仕事において専門家としての力量をもち、その難しさと、喜びを知っていることが条件となるだろう。そのためには、校長になる以前における、教師としての実践とその反省の歩みが重要であり、斎藤の「教育日録」、前島の「らくがき帳」などは、その歩みを示す記録である。

また、そのような実践者としての経験に基づいて、学校において、どの仕事が重要であり、そのために何を整理することが必要かといった判断も可能となるだろう。四人の校長の学校経営において共通に認められるのは、授業と、授業を中心とする校内研修の重視であり、形式的な会議や雑務の整理である。

また、広く教育改革との関連において「学校づくり」が求められている現在、校長の条件として求められるのは社会的な視野と見識である。父母との協力、地域との連携においてもそれが求められるだろう。斎藤の教員組合教文部長としての経験、石井の県教育委員会総括指導主事としての経験、大瀬の市教育委員会指導課長としての経験は、それぞれに視野の広さを養う機会となったと言えるだろう。実践を中心にとらえ、広い視野から、それぞれに固有の課題をもつ「学校づくり」を進めること、「特色ある学校づくり」を創造することが、一人ひとりの校長に求められているのである。

5　学校を超えて

「学校づくり」では、個々の学校の内側からの改革とともに、学校を超えての改革との連携が求められる。特に地方教育行政の在り方が見直され、地域、学校の自主性・自律性が強調されているとき、学校を超えて、地方教育委員会、さらに文部省を含めての改革が課題となる。その場合トップ・ダウンの官僚主義的方向ではなく、実践の場からの改造が必要とされるだろう。茅ヶ崎市の「茅の響きあい教育プラン」とその具体化のためのパイロット・スクールの構想と創設は、市レベルでの改革の事例として多くの示唆を含んでいる。特に新設校の人事において、学校の目標を明示して、新しい「学校づくり」への参加を希望する教師を募る方式をとったことは重要だろう。「特色ある学校づくり」において必要なのは、学校の方針、イメージと参加するスタッフであり、その鍵となるのは人事である。どのような人事が、学校づくりを支えていくかがこれからの課題になるだろう。

また、地域の改革において、パイロット・スクールをつくり、その実践を公開し、その検討を行いつつ、漸進的に改革を広めていく方式も注目される。パイロット・スクールにおいては、実験にともなう試行錯誤は不可避であり、時間をかけての評価が必要だろう。

地方教育委員会の変化とともに求められるのは、いうまでもなく文部省、文部行政自体の変化である。先に述べたように、本来、特色をもつ「学校づくり」を閉ざしてきたのは、ここ四〇年来の集権的な教育行政であり、それに慣らされてきた現場の対応であった。そしてそのような状況の下で、「特色ある学校づくり」の水脈は続いてきたのである。

半世紀にわたる歴史的な経緯を振り返り、改めて学校の自主性・自律性とは何かを問い、それを広く地域、行政において支えていくことが、今日求められているのである。

『学校・授業づくり実践シリーズ 第一巻 特色ある学校をつくる』(ぎょうせい、二〇〇〇年三月)

＊原題は「特色ある学校をどうつくる」

2　戦後の社会変動と教育

信濃毎日新聞社主催シンポジウム「いま、子どもたちの『学校』は」での講演

一　長野県の教育と私

私は出身は長野県ではありませんが、長野県の教育とは四〇年以上にわたってご縁があります。大学の学生の時から、長野県の先生方に学んできたと言ってよいかと思います。それは直接の交友をとおして学んだというだけではなく、歴史の上で学んできたことを含めてであります。

その最初は四二年前のことになりますが、大学の三年生の時のことでした。長野県から派遣生として河原利蔵先生が、――先生は残念ですがかなり前にお亡くなりになりました――、社会科教育の研究に東京大学の教育学部に見えていました。あるゼミでご一緒になりまして、先生の質問にこたえて、私が講義の説明をしたりあるいは外国語の説明をしたりする、逆に先生の方からは、学校のこととか実践のことをうかがうという、そういう形での交流がありました。私はそれによって教師という実践者の仕事と生活、さらにはその生き方に関心を持つことになりました。このような交友によって、教師という実

践者に対する尊敬の気持ちを持ったというのが私の教育研究の出発点でした。先生のお宅を訪ねた時、その蔵書の充実した内容に驚かされたことも記憶に残っております。

大学院に入りまして、修士論文を書くわけですが、そのための調査をしました。河原先生お一人から話を聞いても面白いものですから、それをさらに多くの先生から、集団として聞いてみたいと考えまして、昭和一二年の長野師範の卒業生、昭和二二年の卒業生、昭和三〇年の信大の卒業生からランダムに選びまして、五四人の先生を訪ね、それぞれの経験や意識を調査しました。この時は、五〇近くの学校を訪ねましたが、どの学校に行っても、校長先生にお会いできたことが記憶に残っています。今は学校に行って校長先生がいらっしゃることは少なくなりましたが、当時は校長先生は大抵学校にいらした。学校に腰を据えて校長の仕事をなさっていたのだということを後になって考えました。また当時は、それぞれの学校で、その地域の特性に応じたカリキュラム、その学校独自のカリキュラムが作られていました。そのような戦後の教育改革の熱気がまだ残っていた時期でした。それが大学院の修士の頃であります。

一九六〇年前後に、博士論文を書くために、資料を探して幾つかの県を歩きました。論文の主題は教育実践の歴史で、教授理論・教授実践の歴史を取り上げました。長野県も調査対象の一つで、長野県の資料は非常に役に立ち、そのお蔭で学位論文ができたということがございます。そしてこの時期に、後に長野県教育史刊行会の主任をされました中村一雄先生にお会いすることができまして、それがきっかけで『長野県教育史』、全部で一八巻出ておりますが、その助言者をひきうけることになりました。十数年にわたって『長野県教育史』編纂の助言者として勉強させて頂きました。

一九八〇年代に入りますと教育史の仕事がほぼ一段落し、県内の幾つかの学校で校内研究に参加してきました。授業のカンファレンスと呼んでいますが、お医者さんが臨床研究会で患者さんの事例を基にしながら検討会をやって、それによって自分の力を発展させて行くのと同様に、授業のビデオを撮って、その事例を共同で検討しながら、実践の力量を高めていく、授業の質を高めていくという、先生方の研究会に参加してきました。以上が私と長野県の教育とのかかわりです。

二　五〇年の変化——輝いていた五〇年代

このように四〇年余り長野県に通って参りましたが、その間に、長野県の教育に変化があったと思います。当事者ではございませんけれど、その変化を横から見ていた、同時代の歴史として、長野県の教育の変化を見てきたといっていいかと思います。

大きな変化をあげて見ますと、まず一九五〇年代で、これは修士論文の調査に行った時期ですが、学校には非常に活気がありました。学校でそれぞれのカリキュラムを作る、そのためにはその地域の特性を調べ、そこに生きる子供たちの将来を考えて行く。その上で何のために何を教えるのかということが学校や先生の課題になっていた。学校で主体的にカリキュラムづくりが行なわれていた時期です。授業の研究とか、生活指導の研究も盛んに行なわれていた時期で、時には調査の後でそういう研究会に参加させて頂くこともありました。

その次の変化は、一九六〇年代、七〇年代で『長野県教育史』の仕事で通っていた時期です。この時期は、校長会と組合との間に非常に激しい対立があった時期でした。一九五〇年代の後半から文部省の教育への規制が強くなってくる。組合がそれに反対の運動を起こしていく。校長がその板挟みの位置に置かれていく。子供のための教育を目指して、一つのまとまりとしてとりくまなければならならい学校という場が、対立の場になってくる。教育を目的とする場が、そのような対立によって教育の力を失っていくという事態が、一九六〇年代の後半から七〇年代において現れていたと思います。『長野県教育史』は、現場の先生方、校長先生と一緒に編纂をし、研究会をつづけていたんですが、先生方の話からそういった状況を強く感じ、残念に思っていたことがあります。

一九八〇年代に入りますと、学力問題が大きなトピックになり、学校への、あるいは先生方への批判が強くなってきました。県議会でもそういう議論が行なわれる。マスコミの批判、あるいは「信濃毎日新聞」もその中に含まれるかも分かりませんが、マスコミの教育に対する、現場の実践者に対する批判、つぶてが投げられているという感じの時代でした。

私のおおざっぱな、同時代史的な感想ですが、戦後の自主的な実践が活発だった時期、学校内に対立が際立って出てきた時期、それから今度は学力問題ということが大きなテーマになって、先生方につぶてが投じられている時期という、そういう変化を見てきたといっていいと思います。

このような変化は、単に長野県だけの問題ではないわけですね。日本全体に起きてきた問題であり、その長野県における表現、長野県に現れた変化といっていいと思います。

長野県の以上のような変化を、戦後五〇年の日本の社会、教育の変動の中で考えることが必要と考えるわけです。

三　江口江一君の「母の死とその後」と大河内清輝君の遺書

戦後五〇年の教育を振り返るために、二つの事例、特に二つの文章を手掛かりにして考えたいと思います。五〇年を振り返るための手掛かりとして、何を取り上げたらいいでしょうか。いろいろな取り上げ方があると思いますが、私なりに選択しますと、一つは、一九四九年に書かれました無着成恭編『山びこ学校』に収められている、中学二年生の江口江一君の綴り方、「母の死とその後」という文章です。これは一九五〇年に文部大臣賞——天野貞祐文相の時ですが——を受賞し、一九五一年に刊行された『山びこ学校』の中に入れられています。『山びこ学校』は当時ベストセラーになり、ひろく読まれました。

もう一つは何を取り上げるかということですね。一九九四年、愛知県西尾市東部中学校の中学二年生、大河内清輝君の遺書です。江口江一君の文章と大河内君の遺書を手掛かりとして考えてみたいと思います。四五年を隔てている中学二年生の文章、その中に戦後の教育の変質というものがどのように表れているかということです。

『山びこ学校』は、当時多くの人が読まれたわけですが、今ではだいぶ昔の文献になってしまいましたので内容を紹介する必要があると思います。かなり長い文章ですからかいつまんでお話しするより仕方がありません。

初めに自分の家のこと、それからお母さんが亡くなったことが書かれています。江口君は六歳でお父さんを亡くされます。お母さんが、おばあさんを含めて五人家族を支えて悪戦苦闘するわけですね。三反歩の畑で悪戦苦闘する。そして体を壊し、病気で亡くなる。この文章「母の死とその後」は亡くなってから三五日目に書いた文章です。その次に、「考えていること」という文章が出てきます。ここではこれからの生活の設計とか、これからの自分の将来が書かれています。中学二年の時には余り学校に行かれなかったけれど、三年になったら何とかして学校に行きたい。学びたいということですね。卒業したら仕事をぐんぐんやって、中学三年の時には余り働けないからそれを取り返したいということ、それから、卒業して働いたら借金してでも田を買わなければならない、今の三反歩じゃあどうにもならないんだということ。どんな世の中になっても乗り切れていく人間として自分は成長したい、そういう人間になりたいという希望が書かれています。

そういうふうに将来の設計を考えますが、しかしよく考えてみると本当にそれは可能なんだろうかという疑問がでてくる。一つはお金が実際にたまっていくだろうかということですね。それからもう一つは、もし自分が田を買うと、別の人が田を失って貧乏になるんではないだろうか、そこのところがどうも自分には分からないと書かれています。その次に、具体的に自分の収入と支出の計算をします。どういう作業によってどれだけの収入があるのか、そして自分たちが生きていくにはどういう支出が必要か。それらを計算していけばいくほど、貧乏から抜け出すことは出来ないんではないかという疑問が浮かび上がってくる。そのような壁に突き当たるわけですね。そしてその後に、「その後のこと」という文章が続きます。

校長先生と無着先生が江一君を訪ねてきて、無着先生が「とにかくこれからの仕事の計画表を作ってみろ」というわけですね。そこで農作業などの計画を作ってみる。そうするとほとんど学校に行くことは出来ない、働きづめに働かなければならない。無着さんが佐藤藤三郎君に、——佐藤さんはそのクラスの中心的な人で今でも山元村に住んで活動なさっていますけれど――計画表を示して「何とかならんか」ときくわけですね。そうすると佐藤さんが、「自分のクラスならこれは出来る」とこたえ、みんなで相談して、薪運びだとかタバコ伸しとかの仕事を一緒にやることになります。みんなの協力によって農作業が完了するわけです。

最後のところでは、そういった経過の上で、「僕はこんな級友とこんな先生に恵まれて今安心して学校に通い、今日などはみんなとわんわん騒ぎながら社会科、私たちの学校のまとめをやることができたのです。明日はお母さんの三五日です。お母さんにこのことを報告します。そしてお母さんのように貧乏のために苦しんで生きていかなければならないのはなぜか、お母さんのように働いてもなぜ銭がたまらなかったのか、真剣に勉強することを約束したいと思っています」と書かれています。そして、もし自分が田んぼを買ったら売った人が困る、そのことはどういうふうに考えればいいのかといったようなことも勉強したいんだという、そういう決意でこの文章は終わっています。これが江口江一君の一九四九年の文章です。

もう一つの文章、大河内清輝君の遺書は、記憶に新しいことだと思います。そしてまた残念ながらその後も同じような事件が続いています。小学校六年の頃からいじめが始まって中学に入ってひどくなって来た。それからお金を取られている、三、四万円、六万円というふうに取られていく。このお金というのはゲームセンターやカラオケで使ったということが後の調査で出てまいります。それから川に連れて行かれてという場面ですね。「川に連れていかれて何をするかと思ったら、いきなり顔をドボン。とてれております。

も苦しいので手をぎゅっとひねった。助けあげたらまたドボン」こんなことが四回ぐらいあったと書かれております。

このほか使い走りをさせられる、恥ずかしくて出来ないことを強いられる。その内容も後の調査で出てくるわけですが、そういった形で追い詰められていって、一種の閉塞状態の中で死を選ぶ。孤独を感じさせられる文章だと思います。

江口江一君の『山びこ学校』の文章と大河内君の遺書という二つの文章から、幾つかの対比、幾つかの問題を取り上げることができると思います。さしあたって三つをあげてみたいと思います。

第一は生活の違いですね。四五年前と現在との生活自体の違いです。一九四九年当時の貧しさ、それとの戦い。生きるということ、貧しさとの戦いが切実だった時代でした。一九九四年、ここでは物質的な豊かさということですね。消費文化の中で子供が生きている、そういう変化があります。大河内君から取ったお金はゲームやカラオケに使われている。そういう生活感覚自体の変化ということ、これが第一点です。

第二点は、学ぶということの質に違いがあるんではないかということです。江口君の場合は、学ぶということが生活に結びついている。どう生きていくかという課題に結びついている。そこから収入とか支出の分析がおこなわれる。それから、文章を綴るということも、そういう切実さをもって自分の考えを表現するといういとなみになっています。

この文章の背後には、無着さんの生活綴り方の指導があります。「機関車」という文集をずっと作っているわけですが、そういう文集を基礎にして子供たちが生活を見つめ、それに即して考えて行くという指導が行なわれておりました。子供たちが自分の生活を見つめ自立していくことを目指していく教育の実践、これは戦前の生活綴り方運動の伝統を引いた実践ですが、そういったことを背景にした学びであるという特質がみとめられます。一九九四年の場合には、学ぶということに、生活に根ざすとか、自分の生活を対象化して考え、自立していくという、そういう動機が薄くなっている。もっぱら受験にむけての学習になっていく。そして塾通いが一般化していく。そういう学ぶということの質の違いがこの二つの時期の間にあると考えるわけです。

三番目は友人関係の違いですね。江口君の場合、江口君の援助という具体的な課題があってそれを共同でみんなが援助していく。今の言葉でいえば共生、共に生きるという関係が先生を含めて存在していた。それに対して、大河内君の遺書に表れるのは、なぶりの対象として大河内君がとらえられている。相手の立場に対する想像力がない、川に連れていってドボンというように、相手に対する想像力とか感性というものが失われている。共生とは対照的ないじめの構造がそこに存在している。

二つの文章を読んで、あるいは二つの文章を手掛かりにして、生活に根ざした教育かどうか、教育というものが生活に基盤を持ったものになっているのかどうか、自立のための学びであるのかどうか、学級や学校が先生を含めた共生の共同体になっているかどうかという点において、明確な対比がみとめられると思います。

生活、自立、共生という言葉でとらえましたが、教育の目的と実態において、この二つの文章の間、それぞれの背景にある社会や生活の事実の間に、大きな違いがあると考えるわけです。

四　社会の変化と教育の変化

　このような対比を考える時に、改めてその間にあった四五年は何なんだろうか、その間の四五年をどういうふうにとらえればいいかということが問題になると思います。日本の社会、教育の構造的な変化を考える必要があるのではないか。先程の主催者の言葉の中にありましたけれど、その構造的な変化をどういうふうにとらえるかということであります。

　一〇年前に、岩波新書で『戦後教育を考える』という小さな本を書きました。一〇年前は戦後四〇年だったわけですから、戦後四〇年の変化を私なりに分析し、何が課題かということを書いたものです。その後一〇年たちましたけれど、今日でも大体通用するんではないかと思いますので、機会がありましたら、今日の講演の補いとしてお読みいただければと思います。ここではその内容を繰り返すことは致しません。ただ幾つかの変化、四〇年あるいは五〇年の変化を考える幾つかの指標をあげておきたいと思います。

　まず経済の変化です。これは戦後の社会の変化を考える場合に一番前面に出てくるものです。一九六〇年代、つまり『山びこ学校』以後、高度経済成長、産業構造の大きな変化があります。農業や漁業の第一次産業が当時は四一%だった。それが今では九%になっていますね。逆に第三次産業、サービス業とか流通業が当時は三七%だったのが五八%になっている。日本の産業構造の大きな変化がこの間にある。そして物質的な豊かさが今日確かに存在しているといっていいでしょう。

地域の変化ということでは過密、過疎ですね。大都市への集中と過疎ということ。それが地域の人間関係を大きく変えていく。過疎、過密の両方において人間関係の質を変えていくということがあります。それから家庭でも少子化、子供の数が少なくなって、家族の構造が変わっていく。子供の文化の変化、ファミコンだとかゲームだとかカラオケも入ってくるわけですけど、そういったことが子供の生活、そして大人を含めて、われわれの生活を大きく変えてきました。それらがこの四五年の変化を支えている。

教育においても大きな変化がありました。一九五〇年代、これは私が修士課程の学生の時で、長野県の学校を歩いていた時期ですが、先程申しましたように、学校でカリキュラムを作っていく、地域に根ざした教育の計画を作っていくということが行なわれておりました。ところが一九五八年に学習指導要領の基準性が強化される。それに基づいて教科書が作られて、その教科書を教えるという体制が強くなってまいりました。一人ひとりの先生や一つひとつの学校が、その子供たちに対して、何のために何を教えるかという問いをもつことが薄れてくる。そして定められたものを教えていく、与えられたものを教えていくという姿勢に移っていったというふうに言えると思います。

一方で進学率が急速に上昇します。これは戦後教育改革にともなう教育機会の平等によるものです。それと経済成長とが重なって高校への進学、大学への進学率が急上昇します。高校の場合ですと一九五〇年、つまり『山びこ学校』の頃は高校への進学率は四二・五%ですが、一九六〇年には六七・七%、一九七〇年には八二・七%、一九八〇年には九五・五%と急激な上昇を示しております。大学の場合は一九五五年の統計ですと一〇・一%ですが、一九七〇年になると二三・六%と倍以上になっています。一九八〇年には三七・四%で、大体その線がずっと続いているという形になります。このことが受験競争を激しくしてまいります。

そして学校の外に塾がひろまっていく。現在では小さな山村に行っても塾はあります。このような流れの中で、学ぶということが受験のために学ぶ、そこに収れんされていくという変化があると思います。また中学そのものの意味も違っているわけですね。『山びこ学校』の時期は六・三制の出発期です。新しい教育制度で九年間の義務教育ということになります。そして中学はある意味で完成教育、市民として完成させていく教育だととらえられていました。特に社会科が重視されるわけですが、新しい日本の市民形成を目的として、中学の教育内容が考えられていた時期でした。当時は三年では長すぎて労働力が不足してしまうから二年でいいんだという、六・二制に戻そうという主張も経済界から出ていました。現在では、中学は六・三・三・四の一つの段階で、単に高校の前が中学だということで、市民形成という目的意識はうすれ、受験の一つの段階としてとらえられています。

学校の変化ということを申しましたけれど、教育の場としての学校の主体性についても大きな変化がこの間にあったように思います。戦後の教育改革では、教育の地方分権が重視され、各地域の教育委員会が主体性を持っていました。それが一九五六年の制度の変化によって、集権化がすすめられていく。教育委員会の公選制から任命制への変化があります。この時期から、学校が文部省を中心とする行政の末端になっていく。教育行政が官僚主義的な性格を持ってくる。教育というのは本来官僚主義とは馴染まないものと私は考えますが、学校が行政機構の末端として位置付けられ、官僚主義的性格が強まってくるということになります。

さらに、先程申しました一九六〇年代から七〇年代にかけての文部省と組合との対立によって、学校の中に亀裂が生じてくる。校長先生が板挟みになっていく。校長の教育的なリーダーシップが弱められていくということが起きてまいりました。このことが、学校としての独自の教育力というものを弱めていく。行政の官僚主義的な指導に対する学校の抵抗力が失われていくという変化に大きな影響をもたらしたと思います。教育において優先すべき価値が見失われて、政治や行政の論理が優先されていくという、そういう変化があったと思うのです。

教育における幾つかの変化を申しましたが、経済的な変化、社会構造の変化、教育における変化、このような全体的な変化の中で、先程申しました生活に根ざした教育、自立と結び付いた学び、それから共生の共同体の形成という教育実践における価値が弱められてきた。何のために何を教えるのかという先生方の目的意識が弱くなってきた。そしてまた外部からの批判の中で、先生方の自信が失われてきたと思います。

五　生活・自立・共生を目指す実践を

五〇年の変化というのは、政治、経済、文化、教育の全体にわたる複合的な変化ですね。そしてそのような変化の全体を振り返って、何が現在の問題であるのか、今日の課題は何であるのかということを考える必要があると思います。四〇年の変化が、今日の教育の問題をもたらしているというのは事実ですが、だからといって四〇年前にかえることは出来ないわけですね。元の状態に後戻りすることは出来ない。現在の状況からどういう実践を具体的に作り出していくかを考えることが必要であり、それは非常に難しい課題だと思います。現在いろいろな問題があるということが分かっても、その背景が複雑であり総合的であることを考えると、それを変えていくということは非常に難しいと思うわけですが、その難しい課題に、われわれは現在当面しているんだと考えざるを得ない。そのためにこういったシンポジウムで知恵を集めていくことが必要なんだと思います。

初めに江口君の「母の死とその後」と大河内君の遺書の二つの対比によって今日の教育を考えました。今日の教育の問題、教育の質の問題を考える時に、このような対比を手掛かりにしながら考えていくことが重要ではないかと考えるわけです。

五〇年をおおざっぱに振り返ってみました。そしてその中で、今日の課題を考えることが重要になってまいります。戦後五〇年の現在、何を教育の課題にするのか。課題は一つではないわけですね。先生、親、教育行政の関係者、そして生徒自身も含めて、それぞれの立場で、それぞれに課題を選んでいく、そしてそれらを交流していくことが必要だと思います。課題は誰かに与えられるものではない、教育に関係する一人ひとりが、自分で考え選ぶものだと思います。文部省に課題を任せるとか、中教審に課題を任せるというものではない。一人ひとりが自分の立場において、自分の課題を明らかにして取り組んでいくということが重要ではないかということです。

私なりに課題を考えるとすれば、『山びこ学校』と大河内君の遺書との対比でとらえた、生活に根ざす教育、自立と結び付いた学び、共生の共同体を目指す実践を、今日の状況の中でどのように具体化していくのか、どういうふうに実践を作り出していくことができるかを課題としてあげたいと思います。四五年前に後戻りすることは出来ない。『山びこ学校』の課題に、われわれは違った状況のもとで当面しなければならないということですね、そのような課題に当面しているんだと思います。

教育の実践というのは、必ず一人ひとりから出発するわけですね。教師にしても親にしても、教育の実践というのは必ず一人から出発し、一人でも出来ることは何なんだろうかという形で課題が出てくる、そういう性格のものだと思います。一人一人が具体的な実践をどうつくりだすかが課題になるということです。先生の場合ですと教室の実践、そこで生活、自立、共生をどういうふうに具体化するかということが重要になってくると思います。

六　アメリカの一教師の実践

そういう形で実践に取り組んでいらっしゃる先生方は、今日の日本にもたくさんいらっしゃるわけですが、一つの例として、アメリカの一人の教師の実践を紹介します。私の次男が、アメリカの学校に行っていた時の担任のレイ先生の実践で、そのカリキュラムを紹介しましょう。小学校一、二年のクラスのカリキュラムです。ここには生活に根ざすということ、自立と結び付いた学び、共生ということが、カリキュラムの中に明確に存在しているということを、最近読み直して改めて気付きました。

一年生と二年生が一緒のクラスですが、学年最初の学習課題は「あなたと私」、〝ユー・アンド・ミー〟です。これは六週間のテーマで、クラスで一人ひとりの子供に注目することから始める。楽しい時、悲しい時、腹の立つ時はどういう時だろう。家や学校でしたいこと、自分の得意なことを話し合ったり、文章や絵画で自分の気持ちを表現させていく。クラスの友達について、それぞれ何が好きで、どのようなことが嫌かを知り、友達への感性を発展させることを課題としています。そして自分の行為が友達にどのように影響するかということを考えさせていく。これは大河内君の事件を考えるとき、重要な基礎的な教育だと言っていいと思います。一人ひとりの気持ちを表現させる、それをみんなが理解していく、そして「あなたと私」の関係ということを考えさせていく。それが小学校へ入っての第一歩の教育としてとりあげられております。

その次が三週間のテーマで、「創造力の中の私」です。子供がそれぞれに自分の夢、それぞれの願いを表現していく。そしてそれを劇にしていく。これも一人一人の理解が目的です。

その次が七週間のテーマで、「家族」です。家庭内における一人ひとりの責任をとりあげたり、家族による違いに注目する。アメリカは多民族国家ですから、様々な文化を背景にした家族があるわけで、それぞれの家族の違いに注目させる。家族の多様さを知らせると共に、一人ひとりに自分の民族的、文化的背景への誇りというものを自覚させていく。また父母や祖父母に子供の頃の話を聞くことによって、家族の世代的な変化を考えさせていく。これも重要なテーマだと思います。

その次は「人間関係」。三週間のテーマですが、何がフェア・公正であり、何がアンフェア・不公正であるかの感覚を育てていく。歴史においてある人々がどのようにアンフェアに扱われてきたか、またそれらの人々、例えば黒人や女性に対する態度や扱いが、歴史の中でどのように変化してきたかということを学んでいくわけです。

それから「エネルギーとその節約」、六週間です。地球規模の共生の問題といっていいと思いますが、そういった大きな社会問題に目を向けさせていく、そして自分たちに出来ることは何だろうかを考えさせていくテーマです。

それから五週間で、「コミュニティー」、共同体をとりあげます。気持ちのよい暮らしを支えるコミュニティーとは何か。地球コミュニティーにおける人々の相互依存関係を考えるといった内容が、小学校一、二年生のカリキュラムとして構成されている。現在の日本で行われている生活科や総合学習などと共通性を持っていますが、そういった問題を小学校一、二年生のカリキュラムとして、レイ先生は取り上げていました。

このカリキュラムについて幾つかの特長を挙げておきましょう。まず、お仕着せのカリキュラムではなくて、先生が目的意識を持ってカリキュラムを構成しているということですね。今日の社会に必要な教育内容は何だろうか、その市民として育っていく子供に必要な教育内容は何だろうか、何のために何を教えるのかということが明確にとらえられている。その中に先程から申しました生活、自立、共生という願い、目的が明確にとりあげられています。

二番目は、低学年から相手の気持ちを考えるということを重視しているわけですね。そういう感性を育てていくということを重視している。大河内君の事件など、いじめの問題の議論の中で、何人かの専門家が低学年の時の教育が非常に重要だということを強調されていましたが、レイ先生のカリキュラムではそれが徹底して取り上げられています。

三番目に、子供の学びの質ですが、子供自身が大きなテーマを持って学んでいます。「エネルギーとその節約」とか、人間関係だとか家族の歴史だとか、大きなテーマを持って研究している。そして、それと結び付けて基礎的な学習を丁寧に指導していました。話し合う力、文章を読む力、文章を書く力、いろいろな資料を調べる力、そしてそれを表現する力という、基礎的な、単に読み書き算というだけではなくて、調べる力を含めた基礎的な能力を、大きなテーマの学習と結び付けながら、学んでいくわけです。スペリングの練習も丁寧に個別的にやっていました。これは一つの例です。こういった例をいろいろな段階でお話しするといいと思いますが、ここでは低学年の一つの例を取り上げることしか出来ませんでした。

こういった生活、自立、共生の教育を、小学校の各段階において、中学校の段階において、高校において、大学において、どのようにとらえていくか、そしてそういう意味のある大きな課題と結び付いて、その研究のために必要な基礎的な力、学力をどのように付けていくかということが重要な課題だと思います。現在の中学校教育ではそういった構造をもって学ぶのではなく、テストを中心にして学んでいくという逆転が起きている、そういう例が多いと思います。

七　トップ・ダウンの構造を変えること

生活、自立、共生ということが、今日の教育において、今日の状況の中であらためて必要だと考えるなら、それぞれの学校において、それぞれのクラスにおいて、それを課題として実践することが必要であり、そのような課題を中心にして基礎的な力、実力をしっかり付けていくという、そういう構造の教育が必要だと思います。

これは先生一人ひとりの場合ですが、その次には学校としてできることは何だろうかということが出てくるわけですね。学校という単位において生活、自立、共生ということを目的とする実践をどのように創り出していくのか。一人ひとりの先生がそういった実践を創りながら学校の中で交流していく。そして学校としての主体性を形成していく、学校としての自信を作っていくということが重要ではないでしょうか。そしてさらには、地域や県において出来ることは何かということが、その次の課題になると思います。市町村には教育委員会があって、これは本来主体性を持った組織ですね。その責任において出来ることはたくさんあると思うわけです。出来ることは何かというふうに考えれば、出来ることはたくさんあるわけですが、現状では中央からの伝達機関になっている。そのようなトップ・ダウンの構造を変えていくためにも、現在必要なことは何かという課題意識が重要ではないかと思います。今日のシンポジウムがそのような課題と実践を交流する機会になればと思います。

八　教育県とは何か——三つの提言

はじめに長野県から出発しましたが、日本全体そしてアメリカの実践に話が広がってまいりました。最後に再び長野県に戻ってくることにしたいと思います。

長野県は教育県と言われてきました。自分たちが言っているだけではなくて、外からも言われてきたわけですね。それが揺らいでいると言う声をしばしば聞くことがあります。あらためて教育県とは何なんだろうか、その内実を作るためにどういったことが必要なんだろうかということを、私は外側からということになりますけれど、外側の人間として最後に申したいと思います。

第一は教育県とは何かということですね。教育県の誇りとは何なんだろうかということです。指標として上げられることが多いのは進学率ですね。これが一番分かりいいわけです。有名大学への進学者数ということが一番の指標になってくる。これが一つの指標であることは間違いないと思います。ただ、今日話してまいりました教育の質ということを考えると、その一つの指標というものが、教育の全体の中でどのような位置にあるのかを問いながら考えていくということが必要ではないか。生活に根ざした教育、自立のための学び、共生の共同体を作るという、そういう目的、そういう教育のベイスのうえに立って学力の形成ということが課題になるのではないか。進学率もそのうえで読み取っていくということが必要だと思います。生活、自立、共生という土壌と切り離されて、結果のみが注目され、重視されているのではないかという問いと吟味が必要ではないかということですね。それに対して試験で何点採ったかというのは見えやすい、分かりやすい。有名大学に何人入ったということは分かりやすい指標です。この二つをつなげながら考えていくということが重要ではないか。当たり前のことでありながら、その意識を変えることはなかなか難しいと思いますが、それを課題として考えたいと思うんです。有名大学卒業のオウムのエリートたちを見てると、確かに進学のための力は持ってる。しかしその前提となる生活、自立、共生という視点から見るとどうだったんだろうか、そこに問題があるのではないかということを考えさせられるのです。

二番目に、長野県が歴史的に教育県と言われてきた理由の一つに、――『長野県教育史』を編集しながら学んできたことですが――、先生を大切にして来たという歴史があります。明治の初めに、競って自分の村の学校にいい先生を招いた。県外からも人材を招いて、それが明治、大正期における長野県の教育というものを作っていったということです。教育を大切にするということは先生を大切にするということなんですね。それが基本です。つまり先生が自信を持って実践し、先生はお互いに研鑽しあって、学校の文化を作るということが重要だと思います。先生は子供たちの成長を援助する。校長は先生の実践や成長を支えて援助していく。こまごましたことは言わないで大きく伸びやかに実践し成長していくことを援助する。父母や地域はそのような学校を応援し援助していく。行政や政治はそのような教育を援助していく。そういう構造が教育を伸びやかに質の高いものにしていく、活性化していくと思うわけですが、一九五〇年代の後半あたりから、それとは逆の構造がつくられてきたと思います。そしてとかく先生の責任にしていく。あるいはお互いに責任をおしつけあっていく構造が出来ている。また事件がおきると先生や学校に批判のつぶてが投げられる。マスコミも含めてそういう構造があり、それが先生方に自信をなくさせているのではないか。そのような構造を変えていくことが大切だと思います。特に若い先生方が生き生きと実践を作り出していく、そして学びあう態勢というものが出来ていくことが重要だと、学校での研究会に参加しながら考えているわけです。

最後に『長野県教育史』に関係した者として、歴史、特に長野県の歴史に学んでほしいと思います。『長野県教育史』全一八巻は県下のすべての学校にあります、長野県の先人が、どのように教育や先生方を大事にしてきたのか、そして先生方がそれにこたえてどういう実践をやって来たのかという歩みを学んでほしいのです。もちろん歴史はプラスの歴史ばかりではありません。マイナスの歴史もあります。プラス・マイナスを含めて学んでいくということが重要ではないか。特に先生方がどのように努力し実践を作ってきたのかについて、『長野県教育史』にかなり詳しい記述があります。明治初期の先生方の自主的な研究会の組織とか、大正期の長野師範附属小学校の、淀川茂重先生他に始まる「研究学級」の実践は、現在でも教育方法史の上で最も注目される実践ですが、そういった多くの遺産があります。また、様々な形での教材の開発―特に理科が有名ですが―があります。そういった動き、努力は現在も根は絶えていないと思いますし、私自身、学校での研究会に参加して、その継承や再興の可能性を確信しています。そういった歴史から学んで頂きたい。現在は、当時と異なった状況の中にありますが、先人の歩みを現在の状況下でうけつぎ発展させることができればと考えるわけです。

『長野県教育史』は戦後も一部含まれていますが大体は戦前が中心です。その後に今日お話ししました変動の多い五〇年があります。その戦後の五〇年を含めて振り返り、どのような歴史をこれから作っていくのか、それがこのシンポジウムの主題だと思います。

シンポジウムの前座ということで、四〇年余りの長野県の教育との関係を振り返りつつ、私の考えていることを話させて頂きました。

『信州教育の戦後五〇年を問う』（信濃毎日新聞社、一九九五年五月二〇日）

＊原題は「戦後五〇年をふりかえり、教育の課題を考える」

3　授業改造の一〇〇年をふりかえる

一　「不易」と「流行」

教育界で「不易」と「流行」という言葉が広く使われるようになったのは、松下幸之助の主宰した「京都座会」が始まりだったと思う。その後、臨教審や中教審の文書にみかけるようになり流行語となった。教育界での「流行」を考えるとき、その発信元は、審議会や文部省であることが多い。「個性重視」、「新しい学力観」、そして現在の「生きる力をはぐくむ」などである。

一九九三年四月に東京から滋賀県に移ったときに、県の教育センター、市の教育研究会、学校からの講演の依頼のテーマが、いずれも「新しい学力観」についてであったのに驚いたことがある。このテーマは実践者自身が実践に即して考察することが重要なので、講演としてではなく、授業に即して「新しい学力観」とは何かを一緒に考える機会があれば参加しましょうとこたえて研究会に参加してきた。

「個性重視」「生きる力」といった内容の重い言葉が、行政主導で「流行」していく流れの速さに驚かされ、実践者としての主体性の重要さを改めて考えさせられたのである。

そのような「流行」に対して、「不易」にあたるものは何だろうか。それは学校と教師の実践における自己改革の持続といえるだろう。日常的な実践を振り返り、検討し、その反省をとおして自分を変えていくことの持続こそが「不易」なるものと考えるのである。そしてそのような実践を軸として、現在と未来の新しい状況や課題に対応していくことが求められるだろう。しかし、先に述べたように、「不易」が「流行」に従属している状況が今日の問題ではないだろうか。特にここ四〇年、そのような傾向が強められてきた。一九五八年の学習指導要領の改訂以後、ほぼ一〇年おきに繰り返される改訂とその伝達が、実践と研究における受動性をもたらし、強化してきた。

今日、二一世紀への展望として、国際化、情報化、科学技術の発展への対応が強調されている。それらが重要であることはいうまでもないが、本稿では二〇世紀を振り返りつつ、「不易」としての実践、その改革における持続を考えることにしたい。

二　学校からの改革

1　二〇世紀の初めに

二〇世紀の初頭も、教育改革、授業改造の時期であった。学校からの、教師からの授業改造を中心に、改革の歩みをたどることにしよう。

一九〇〇年（明治三三年）には、一八八六年、九〇年に続いて第三次の小学校令が公布されている。同令は、一九四一年（昭和一六年）の国民学校令まで、四〇年間にわたって初等教育制度を規定する勅令であり、就学規定や教科目の整備、学校長の必置など、国民国家としての教育体制の整備が行われた。このころ、教育方法においてもヘルバルト主義教授法の導入と普及により、五段階教授法に基づく教授の手続きが規範的なものとされ、公教育の目的、内容、方法の定型化が完成した。それは就学率が九〇パーセントを超えた初等教育の実践に、一定の水準を保証することを目的とするものであり、そのような役割を果たすとともに実践を形式化させていった。

公教育教授定型の普及のために、教師の研修が広く行われ、各県で組織された教育会や、附属小学校の主催する研究会、さらに教育ジャーナリズムによって実践の改善が論議された。そして、その中から新しい教育の理念、方法が提起され、特に大正デモクラシーのもとで教育改造の動きが活発となった。

長野県の場合を見ると、一九〇九年に長野師範附属小学校の主催で県下連合学年会が開かれ、県下の教育会支会の代表が集まり研究討議を行っている。尋常科一・二学年会から高等科一・二学年会まで四回の学年会に続いて、一九一二年には教科研究会へと受け継がれ、一九一七年には児童研究会にテーマをかえて一九一九年まで継続している。

これらの研究会は伝達、講習ではなく、県下各地の代表が実践において生じた問題を持ち寄り、討議し、共通の課題を深めるという研究会であった。算術では「現今算術教授上の欠陥と認むべき主要なものは何々か」「国定算術書中修正を要すと認めたる点は何々か」がテーマとされ、修身では「児童個性研究並に各個性に適する訓練法如何」「現行修身教科書の欠陥並に教授上の注意如何」が取り上げられている。修身教育の問題点としては、徳目の内容が時代に即応せず、社会の変化に伴い市民的モラルを重視すべきこと、「勿れ主義」ではなく、みずから考え、語り、実践すること、「個性の重視」などが強調されている。このような動向の中で、一九一七年に長野師範附属小学校に新しい教育の可能性を求めて「研究学級」が発足している。

「教科目や教授時間は法によって規定され、教材の選択と分量は国定教科書によって決定され、教育内容も形式も規定されている。研究もそれを前提としている」。そのような状況を教育の行き詰まりととらえ、その改革として「児童の教育は、児童にたちかへり児童のうちに建設されなくてはならない」とし、「児童の生活を重んじ、児童はその生活から学ぶことである。児童はみずから歩んで行く。わたしたちは児童を歩ませる。そこに教育を発見し創造することである」と、新しい理念のもとに実践をつくりだそうとしている。大正期の授業改造の動きは、このような教育実践の反省と検討の中から、学校をベイスに生まれてきた。

2 授業改造の試みと授業研究

大正自由教育の運動から、いくつかの授業改造の試みを取り上げてみよう。

兵庫県明石女子師範附属小学校では、一九〇七年に主事として着任した及川平治を中心に改革がすすめられた。「静的教育を改めて動的教育となすべきこと」「教育の当体（子供）に存する事実を重んずべきこと」「真理そのものを与うるよりも真理の探究法を授くべきこと」を三大主張とし、『分団式動的教育法』が提唱されている。児童の独立的活動、すなわち「自己の眼をもって見しめ、自己の思考をもって考えしめ、自己の言葉にて話さしめ、自己の手にて為さしめ、自己発表に訴えて独立活動をなさしむること」を目的とし、そのために学習の題材の意味、働きを探究している。各教科にわたる題材の研究は『分団式動的各科教授法』で展開されている。

奈良女高師附属小学校では、一九一九年に木下竹次が主事となり、他律的教育から自律的学習への転回を主張している。学習は「学習者が生活から出発して生活によって生活の向上を図るもの」であり、「みずから機会を求めみずから刺激を与え、またみずから目的方法を立てて進行するところに成立する」として、学習形態は、ひとりで学ぶ「独自学習」、集団で学ぶ「相互学習」とし、内容的には合科学習、総合的学習を提唱している。

木下は二〇年にわたって主事をつとめ、同校の研究を指導した。職員会では事務的な内容を最小限として、実践に関する論議を充実させ、そこを日常的な研究の場とした。読書会を開き講演を教員に紹介するなど、実践の基盤となる教師の教養を培うことに努めている。月に二回、研究授業と授業批評会が行われ、学習法の研究が蓄積されていった。その成果は同校の『学習研究』によって広く紹介された。

一九一七年に、澤柳政太郎により「個性尊重の教育」「自然と親しむ教育」「心情の教育」「科学的研究を基礎とする教育」を目的として創設された私立成城小学校でも、『教育問題研究』が発行されている。そこには実地授業研究会の記録が掲載され、教授案、授業の記録、批評会が紹介されている。

以上の授業改造の試みや授業研究において、今日の改革の中で主張されている「個性の重視」、子どもの生活への注目が強調され、総合的なカリキュラムの開発が試みられ、その実践が公開研究会や『学習研究』『教育問題研究』等の雑誌によって広く影響を与え、改造の全国的なネットワークが形成され実践の交流が行われていたことに注目したい。

3 教師の自己批評

学校での実践の改造は、一人ひとりの教師によって受け止められ、その成長と結びつくことによって、改革につながっていく。特に自らの実践の検討、反省をとおしての教師の成長が改革の基底をなすのである。教師の実践は複合的であり、その専門的成長は、実践的な問題解決過程で、その反省をとおして形成されるとして、教師を「反省的実践家」(reflective practitioner) としてとらえること、授業研究における事例研究 (case method) や授業批評の重視が、今日内外において主張されているが、同様な主張がすでに九〇年前に提唱されている。

福井師範教諭の上田三平は、一九〇九年の論文「教授法研究の過程」において、教授法の研究において他人の批評を受けること、そして自己批評の習慣をもつことの必要を主張している。教師は師範学校において、ひととおり教育の理論や教授方法の通則を学ぶ。教師となり授業を始めるとき、予期しない児童の答えや反応に茫然とし、それらに対応できないために形式的な問答におちいってしまう。そして教育学や教授法書に疑問をもつ。次の段階として必要なのは他人の批評を受けることである。しかしそれのみに依頼して「自己の授業に対する自己の批判を為す習慣が出来なかったならば、到底改良の出来るものではない。教師に必要な自信は日々の教育法をたえず回顧して、みずから批判を与えつつすすんでいくことによって生まれてくる」としている。すなわち、児童について、教材について、自分のとった方法について考え、自ら批判し、失敗成功について原因を探究し、次の授業に備え、「各自自身のタイプを形成し漸次工夫改良していったならば、所謂教授法はその人に依って独特の光を発し」て進歩し、実際と理論が「相より相助けて」進歩するだろうと述べ、自己批評の習慣をつけることが教授法研究の始めであるとしている。実践の反省をとおしての教師の個性的な成長が主張されている。
以上は二〇世紀の初頭の授業改造の動向であり、実践の場からの改革の志向である。このような動きの持続を、学校と教師の実践における「不易」として重視したいのである。

三　ある文部官僚の軌跡

学校からの改革は広く伝播し、ネットワークを形成していった。しかし大正末期から文部省による実践への規制が始まり、戦時体制のもとで強化され、国民学校期の総力戦体制下で官僚的規制がつよめられていった。それは戦後の政治的対立のもとで受け継がれ、上からの指令や「流行」が伝達されてきたのである。

教育の改革において行政の役割を無視することはできない。行政官が教育をどのようにとらえ、何を改革の主体としているかが重要なのである。ここでは一人の文部官僚、澤柳政太郎に注目して、その軌跡をたどってみよう。

先に触れた一九〇〇年の小学校令改正において、中心的役割をはたしたのは普通学務局長であった澤柳である。改正を担当し、国民教育の骨格をつくった後に、彼が教育の改革にかかわった足跡をあとづけるとき、教師への注目と、その実践、研究の改造を重視していた事実が浮かび上がってくる。

文部次官であった一九〇五年に『教師論』を刊行しているが、その冒頭で教師は教育の「主脳」であると述べている。その意味は、教育の制度、施設、設備にたいして、人間としての教師の重要性であり、教育の改善にとって教師をよくすることが第一であるとしている。また教師という職業の特質として「教師の働きは、その自由の範囲が広い、変化が多い、工夫を要することが多い、つまり機械的でない」としている。教育という仕事が求める自律性を主張し、その自由は生徒のためのものとされている。

一九〇九年の『実際的教育学』では、従来の、欧米の移入である教育学は教育の実際と没交渉な一般論であると批判し、医学や農学のように、理論と実地との統一、実際と研究との統一を求めている。従来の教育学からの質的転回とともに、教師が研究の主体であることを期待しているといってよいだろう。一九一七年には、先に述べたように成城小学校が創設され、科学的研究に基づく教育の実践が目的とされ、実地授業研究会が継続されている。

一九一六年には帝国教育会の会長に選出されているが、教師の地位の向上と職業集団としての団結を求めている。例えば、教科書の改訂について、現状は二、三の人々の頭によって改められ、教師をふみつけた仕方で改訂されているとして、実際の使用者である教師の意見によるべきことを求めている。一九二一年には教師の団結心の象徴として教育会館の建設を提案している。それは「文教振興の策源地であり、教育問題の調査機関であり、教育社会の与論を発表し実行する機関であり、教育者のための修養機関となり、生活問題の解決機関となり、社交機関となり、国際的に見れば、国交機関となるものである」としている。このような教師観、教師の役割への期待は今日なお新鮮である。同会館は戦後、日本教職員組合の本部として文部省との長期にわたる対立の象徴となり、文部官僚であった澤柳の構想とは異なった、不幸な対立の歴史を身近にながめることになるのである。

一九〇〇年以降の澤柳の軌跡には、一貫して教育改革の志向と行動が認められるのであり、特にその中軸に実践の主体としての教師が位置づけられ、その専門家集団としての自律と成長が期待されていた。それは今日もっとも重要な、教育改革の鍵をなすものといえるだろう。

四　二一世紀に向けて

二一世紀に向けて、新しい教育の展望が論議されている。今日の教育の閉塞状況が指摘され、「合校」や「中高一貫制」にみられるような学校教育の構造、制度の改革提言もなされている。二一世紀に向けての構想は、国際化、情報化、科学技術の発展といった新しい状況への対応とともに、二〇世紀の教育の検討と反省を基盤とすることが必要である。

本稿では授業改造に注目しつつ、二〇世紀の実践と研究の歩みを概観した。そして実践と研究の持続を「不易」なものとして、二一世紀に向けて受け継ぎ、発展させていくことが重要であることを述べた。そのような視点から、授業改造における、今日の課題をあげておこう。

第一は、教師の研修である。研修が「流行」の受容としてではなく、自分を変えるための自己批評、学校や研究会、サークルにおける相互の批評をとおして professional development を目的とすること、さらにそのような研究の体制と方法を学校においてつくり出していくことが必要である。フォーマルな研究会だけでなく、自主的なインフォーマルな研究会が重要だろう。

第二は、明石師範附属小、奈良女高師附属小、成城小学校にみられる、学校における改革と研究の持続であり、そのために校長のリーダーシップが重要である。現在、校長の学校での在任期間は短く、二、三年で移動という場合が多い。そのことは学校を実践開発、研究の場として発展させることを困難にしている。澤柳は『校長論』において、校長は学校活動の統一者であり、教員の特徴を発揮させせつつ調和を図り、教師をはげまし、相談相手となり、研究を促し、教授法を批評しその工夫を促すことなどをその役割としてあげている。学校が staff development の場となることを求め、校長のリーダーシップを求めているのである。その主旨を受け継ぎつつ、現代に即応した新しいリーダーシップが生み出されていくことが求められるだろう。

第三は、教師の実践に即した教育研究の力量の形成である。

学校内における研修、校外でのサークルとともに、特に現在、重視したいのは現職教員の大学院における研究であり、それは今後の改革において重要な役割を占めると思う。すでにすべての国立の教員養成大学、学部には修士課程が設置され、多くの現職教員が学んでいる。その研究が、現場での実践や研究にどのように生かされていくかが重要だろう。

私の在職している滋賀大学大学院修士課程学校教育学専修の一九九六年度修了者のうち五名は現職教員であるが、修士論文のテーマは次のとおりである。

1　日英における単元学習の比較研究
2　小学校理科「燃焼」の教育内容・指導方法の変遷
3　小学校算数科「分数指導」の歴史的・比較的考察
4　留岡幸助の教育の中に見る懲戒・懲罰観の研究
5　ライフコース・アプローチにもとづく看護婦の生涯学習過程の研究

いずれも教科指導、生徒指導、看護婦教育という実践を主題としつつ、歴史的・比較的考察によって、自分の実践観を深め、社会学的考察によって看護婦としての professional development を考察したものであり、実践者としての自分の成長を目的とするものであった。現場において実践・研究の力量をもった教師が多くなり、それぞれの学校で実践・研究の核になっていくこと、そして大学と現場との架け橋となり、共同研究の媒介者となっていくことにより、伝達講習的な研修の質を変えていくことが期待できるだろう。それは急速な変化ではないが、実践や学校が変わっていく、もっとも確実なよりどころになると考えるのである。そしてそのような方向を支え、促進する施策が行政に求められるのであり、それは澤柳が期待した教師の成長につらなるものである。

そのような実践者＝研究者としての教師の成長により、学校が、実践とその研究をとおしての創造の場となっていく着実な変化の持続を、「不易」なるものとして二一世紀の教育に期待したいのである。

『教育展望』（教育調査研究所、一九九七年五月）

＊原題は「改革の持続をもとめて―二〇世紀をふりかえる」

4　総合学習と教師の構想力

一　はじめに

一九九八年七月の教育課程審議会の答申につづいて、九月には中央教育審議会の答申「今後の地方教育行政の在り方について」が提出された。これら二つの答申によって、一九九八年は戦後の教育史において、とりわけ教育実践の歴史において画期をなす年になったといってよいだろう。

「今後の地方教育行政の在り方について」では、教育委員会が地域住民の要望に対応して、主体的、積極的に教育行政を展開するために、これまでの行政を見直し、地域・学校の自主性・自律性を重視することが強調されている。教育行政の方向を分権から集権へと変えた一九五六年の「地方教育行政の組織及び運営に関する法律」以来、四二年ぶりの変化である。一方、新教育課程の答申では「総合的な学習の時間」の設定や時間割の編成など、教師の授業における裁量が拡大されている。これも一九五八年の学習指導要領の改定以来の変化といえるだろう。既に一九八三年の第一三期中教審教育内容等小委員会の審議経過報告で「自己教育力」が重視され、一九八九年の学習指導要領の改訂では個性重視、生活科の設置という変化がみられるが、今回の答申はそのような変化の締めくくりとして位置づけられる。二つの答申はセットとして、実践者の自主性・自律性をもとめるものであり、八〇年代以降の教育改革は、学校と授業実践の改革に焦点化されてきたといってよい。

授業実践については、指導内容の厳選、問題解決の能力をいかす活動的な学習、時間割の弾力的運用があげられている。授業において、教師が何のために何を選び、学ばせるのか、どのような課題のもとに授業を構成していくのか、また時間割においても、子どもの実態と学習内容に即して、どのように授業をくみたてていくかという教師の構想力が必要とされるのである。とくに総合的学習の時間において、そのような教師の構想力がもとめられている。

本稿では、総合学習を中心に、教師の構想力を日本の実践史と英国の実践事例に基づきつつ考えることにしたい。

二　一世紀前の総合学習

日本の教育実践の歴史において、総合学習は一世紀を超える伝統をもっている。初期の実践として、一八九六年一一月七日におこなわれた東京師範学校附属小学校の樋口勘次郎の「飛鳥山遠足」の例をあげよう。小学二年生の上野池の端から王子にかけての遠足であり、この実践において樋口の授業における構想力の展開をみとめることができる。遠足に先だって、子どもたちは一一月二日に教育博物館を見学している。そこで子どもたちが関心をもった事物を問い、遠足への導入をおこなっている。遠足の前日に、樋口は予定したコースを歩き、実地をたどりつつ指導の構想をたてていく。

まず、生徒に一枚ずつ地図を持たせようと考える。実地と比較して、地図の見方を学ばせるためである。出発点である不忍池の観察につづいて、東照宮、五重の塔などの史跡、動物園、博物館、美術学校、音楽学校、図書館等の文化施設の位置と地図とを対照させる。途中の諏訪神社からの眺望は、北豊島から南足立にわたる田畑、その間に点綴する村落、煙突や製造所、鉄路等のパノラマであり、それを鳥瞰させようと考える。さらに、そこから少し歩いて位置をかえ、ふたたび上述の景観に注目させることを考える。位置の変化により物景がどのように変わるかを知らせるためである。

少し先の田端停車場では、ちょうど、建設工事中であり、四〇間四方、深さ一〇間の大きな坑がほられている。これは「人工の大なるを」知らせる好機だと樋口は考える。

このように、樋口は歩きながら、そこで見た事物に触発されつつ、それらに触れての生徒の学びを想像しつつ、計画をたて、また子どもの遊びや疲労の様子を考えながら時間の配分等を考えていく。

遠足の翌日、生徒に紀行文をかかせている。それは、遠足の成果をたしかめるアセスメントである。そして遠足の「結果」として、この遠足によって生徒が学んだことを「生徒の学問」として整理し、つぎのように列記している。
(イ) 動物学。イナゴ、家鴨、金魚
(ロ) 植物学。山林局試験場ニテ樹木一五〇種ヲ見タリ、但翌日試験シタル所ニヨリテ察スルニ、生徒ノ記憶ニ止マレルハ、平均一人一四、五種位ナラム。麦、茶、蕎麦、等前掲植物、葉ノ凋落、芽
(ハ) 農業。肥料、耕耘、収穫、運搬

(ニ) 商業。沿道の商店、茶店
(ホ) 工業。鉄道、汽車、土工、製造場等
(ヘ) 地理。平原、高原、丘陵、道路、河、方角、運輸、交通、都鄙風俗習慣言語ノ事態等
(ト) 地質。水流ニヨル河岸ノ変化、砂地、湿地等

この外に(チ)「人類学」として、「うすつく爺、大根あらう婆、籾うつ乙女、汽車中の客、彼等は皆生徒に人類学をよましむる書物なり、後来大学に入りて歴史学、人類学をまなふときの、その材料は如此して学ふ所にあるべし」とし、(リ)「詩」では、「飛鳥山にて生徒を解散し、随意に昼食するを命して、如何なるところに集合するかを見たるに、多く百里の武蔵野を一目の中に眺望するによき所に坐を占めたり、彼等は自然の詩、を読めるにやあらん」と記している。ここには樋口の学問観や生徒の審美感、感性のとらえ方をうかがうことができる。

生徒の紀行文により、生徒が何を学んだかを把握し、遠足において生徒が見聞し、学んだことを関連する学問分野と対照してとらえていることに注目したい。遠足というテーマは、生徒の経験、活動にとどまらず、学問にむけて開かれる学びとしてとらえられている。またそれらの学問は遠足において統合され、関連性をもつ生きた知識となるのである。樋口は、机上での計画ではなく、下見の現場において、事物にふれ、生徒の学びを想像し、学習を構想している。この記録は樋口の実践とその構想力の特質をしめすものである。それはひろく学問・芸術・文化・生活に開かれた教育課程構想と、子どもの学びへの想像力であり、それらにもとづき授業を構成していく教師の想像力である。それは今日の総合学習においてもとめられる力量といえるだろう。

総合学習の実践は、樋口以降、日本の実践史において展開していく。その経過をここで詳述することはできないが、総合学習の主要な足跡として、及川平治の、一九一二年の『分団式動的教育法』における、学習は「個人の心中に題材(考え方、感じ方、為す仕方)を展開し、組織する方法を与えること」であるとする「題材論」、一九一八年に出発した長野師範附属小の研究学級における総合学習、成城小学校での自然科の実践、奈良女高師附属小の合科学習等の系譜をあげることができる。とくに成城小学校の『教育問題研究』、奈良女高師附属小の『学習研究』は、両校の公開研究会とともに、その実践を紹介し、さらにひろく公立、私立の学校の実践を交流する広場としての役割を果たし、ひろく実践のネットワークを形成したのである。

そのような現場からの実践の創造と交流は、残念ながら、大正末期からの教育課程政策のもとで閉ざされていく。一九四一年にはじまる国民学校一年生の「綜合授業」では、皇国民の錬成を目的とする「綜合」へと変質されるのであり、戦後において、戦前の総合学習、カリキュラム改造を継承して展開した実践も、一九五八年の学習指導要領改訂によって閉ざされていったのである。

三　英国のトピック学習から学ぶこと

新教育課程で新たに創設される「総合的な学習の時間」の目的として、「各学校の創意工夫を生かした横断的・総合的な学習や児童生徒の興味・関心等に基づく学習などを通じて、自ら課題を見つけ、自ら学び、自ら考え、主体的に判断し、よりよく問題を解決する資質や能力を育てる事である。また情報の集め方、調べ方、まとめ方、報告や発表・討論の仕方などの学び方やものの考え方を身に付けること、問題の解決や探究活動に主体的、創造的に取り組む態度を育成すること」と解説されている（「初等教育資料」平成一〇年九月号　萩元良二氏の解説）。

この目的は、私が一九七五年の最初の訪英以来関心をもってきたトピック学習とほとんど共通のものであるといってよい。

トピック学習は、プロジェクトとも、ユニットとも、シマティック・アプローチ（thematic approach）ともよばれている学習形態であるが、特定の課題に対して、研究として取り組む学習であり、課題に即してカリキュラムを横断して学習がすすめられることからクロスカリキュラー・アプローチともよばれる、合科的、総合的学習である。子どもが課題をもち、研究の構想を立て、調査し、資料を探索し、その研究の成果をまとめ、推敲していく学習であり、その成果が本にまとめられることから「本づくり」ともよばれている。中教審の第一次答申以来使われてきた「横断的・総合的な学習」という言葉はこれを参照したものとおもわれる。

一九七四年に在外研究で米国に滞在し、そのあと英国に移り、学校をたずねたのだが、そこで観察したトピック学習にひきつけられた。子どもたちの学習を見ながら、教師の事前の準備、子どもへの対応、援助が要であることを痛感した。とくに、何をテーマとしてえらび、どのように子どもの学びを構成していくかという教師の構想力がもとめられる授業形態であると思った。

教師の構想力を考えるときに思い出すのは、オックスフォードの教師ベルビックさんである。ベルビックさんのクラスを観察して実践についてインタビューし、トピックの選択や、指導の構成について質

トピック「コミュニケーション」の構想図

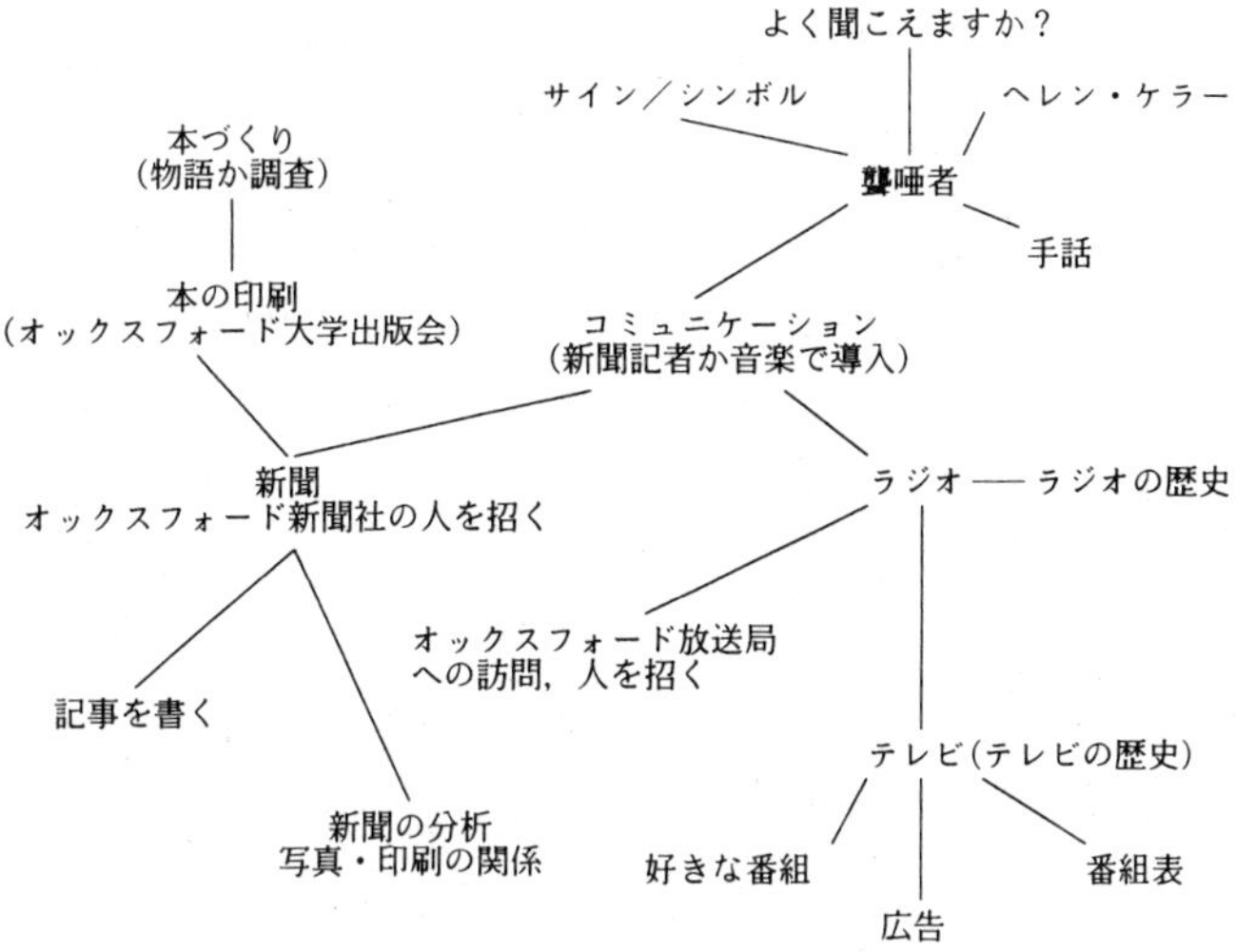

問したとき、分厚いルーズリーフ状のノートをもってきて、みせてくれた。そこには彼がとりあげたり、これからの実践にむけて準備しているトピックの構想図が一枚一枚に描かれていた（上図参照）。

それ以後、注意してみると、多くの教師が同様なノートをもっていることに気がついた。それはすべてが自前のオリジナルな教材ではない。他の教師や雑誌に紹介されている実践も含まれているが、教師の実践の構想であり、財産目録であった。

一九八九年の秋に訪英したときは、その前年に制定されたナショナル・カリキュラムが実施される時期であった。ロンドン郊外のクランフォードパーク小学校では、親を対象に説明会を開いていた。

配布資料の項目の一つが「トピック・ワークとナショナル・カリキュラム」であり、その資料の冒頭には、「ほとんどの小学校では、カリキュラムの内容を〝シマティック・アプローチ〟をとおして教えています。すなわち、教師は適切なトピックをテーマとして選び、そのトピックと関連させつつ、総合的に教科の内容を教えています。トピックの選択に当たっては、(a)子どもの年齢、経験、能力に適していること、(b)季節や時期にあったものであること、(c)学校、社会、世界のできごとや行事にあったものであること、(d)まだ学習していない新しい内容であることなどが配慮されています」とその特色を述べ、「小学校では、ナショナル・カリキュラムを、シマティック・アプローチで教えることがおこなわれています」と説明されていた。英国ではじめて導入されたナショナル・カリキュラムと、従来学校において展開されてきたシマティック・アプローチを統一的に構成することが教師の課題とされてきたのである。

そのような実践の試みを、英国の教師に広く読まれている雑誌 "CHILD EDUCATION" "JUNIOR EDUCATION" に見ることができる。毎号、特定のトピックを取り上げて、実践の例示をしている。例えば、「水」、「都市」、「橋」、「食物」、「森林」、「神話と伝説」、「サバイバル」、「メキシコ」、「光と音」といったテーマであり、これらは英国の学校で開発され、取り上げられてきたテーマである。A4判で一六ページにわたって実践の例が紹介され、参考資料として、雑誌、子どもの本、教師用の参考文献、ビデオ、ソフトウエアー、教材パック、博物館、観光協会等の役に立つアドレス、相談にのってもらえる博物館や施設があげられ、読者が独自に実践を発展させていくためのゆきとどいた手掛かりがしめされている。連載されているトピックをみると、現場で開発されてきた学習の豊富さと工夫、研究者との協力に感心させられるのである。そしてその学習に対応するナショナル・カリキュラムの教科、アテインメイト・ターゲット、学習プログラムとの対照が表示されている。

「水」は地理と科学を軸として構成され、「都市」は地理、歴史、科学にわたっている。「食物」は「興味深い科学の学習トピックであるとともに、理想的なクロス・カリキュラーのトピックである」として、科学、地理、歴史、数学、英語、デザインとテクノロジー、宗教にわたる構成が例示されている。

「水」の内容を紹介しよう。

(1) 水の危機　人間にとってもっとも貴重な資源である水が、どのように使用され、どのように汚染されているか、水の危機からはじまる

(2) 絶えまない供給　水資源の限界と、水がどのように繰り返して使用されているかを、濾過装置と地球の水サイクルの実験装置によって学ぶ

(3) 水と湿地　動植物の生命が、水に依存していることを、栽培や観察、池の食物連鎖等によって学び、さらに藻や水の汚染を調査する

(4) 浮くこと、沈むこと　浮力とともにそれが地理的発見、貿易や文明の発展を可能にしたことを学ぶ

(5) 化学反応　水の三態変化を学ぶ

(6) 水の力　ダム、水力発電、蒸気機関等

(7) 身体の構成　人体や植物にしめる水分とその役割

このような学習から次の特徴をあげることができる。第一に、何のために教えるかという目的が明確であり、生活との関連、汚染、環境の問題がとりあげられている。第二は、水の研究が、多面的に立体的に構想されており、開かれた研究となっている。第三に、地球の水サイクルの実験のように、盥と透

明フィルムを利用した簡便な装置による実験の工夫、アイデアが紹介され、それが交流されている。第四に、このトピックで学んだ内容が、ナショナル・カリキュラムと対照させて確認されている。

日本では明治以来、教科の枠が強く、「総合的な学習の時間」では、それを改めて、課題中心の構成とすることが期待されている。一方、英国のトピック学習では、課題中心の学習が創造され、蓄積されており、その学習を新しく導入されたナショナル・カリキュラムによってチェックしバランスをとるという方向が認められる。両国の異なった歩みと実践から、それぞれに学ぶことができるだろう。

四　授業の構想力を鍛えるために

樋口やベルビックさんの例を紹介しつつ、総合学習における教師の構想力を考えてきた。それは総合学習にとどまらず、授業一般に言えることである。授業は特定の子ども、特定の学習内容、特定の教師によっておこなわれる複合的なスペシフィックな実践であり、一人ひとりの教師の授業の構成力、判断、選択がもとめられる。「総合的な学習の時間」の導入が、あらためて授業という実践を見直し、そこでもとめられる教師の構想力を鍛えていく機会になることが期待される。

おわりに、そのような想像力を鍛えるために何が必要かを考えることにしたい。

第一に、授業の構想力は、なによりも特定の実践の準備、実践の過程、そして実践の反省をとおして鍛えられるものであり、個々の実践から出発し、その交流をとおして豊かになっていくものである。そしてまた、本稿で紹介した、我が国での一世紀を超える、総合学習の歴史的実践の蓄積や、英国をはじめとする国外の実践から学ぶことが必要であろう。

第二は、学校をベイスとする実践の交流であり、学習の総合化である。新教育課程において例示されている、国際理解、情報、環境、福祉・健康のテーマに限定されることなく、それぞれの地域、学校、教室からうまれてくる課題から、合科・総合化がすすむといい。

たとえば、最近参加した研究会の例であるが、中学の国語の授業研究会で、浮世絵をテーマとする授業の検討から、美術、歴史との関連が話題となり総合化していった例、小学校での「あとかくしの雪」による道徳の授業研究会で、国語や歴史との関連がうまれ総合化していったように、授業研究、教材研究において、教科の枠を超えて合科・総合化していくことができるのである。これまで繰り返されてきた学習指導要領の改訂にともなうトップ・ダウンの伝達講習に対して、学校からのボトム・アップの自生的な実践の形成が活発になるといい。

第三は、行政や大学の役割である。英国におけるトピック学習の普及は、現場の自主的な実践の成果に注目し、それを紹介していく、二〇世紀初頭以来の教育課程行政に支えられてきた。また、英国の教育大学において、専門を異にする教員が、学生と一緒に学校に行き、授業に参加し、そこで総合的に研究していく実態にふれた。このような実践を支える、行政、大学の在り方が、これからの改革において、切実にもとめられていると思う。

〔**参考文献**〕
稲垣忠彦・吉村敏之編『日本の教師　第七巻　授業をつくる合科・総合学習』ぎょうせい　一九九三年

稲垣忠彦『戦後教育を考える』岩波新書　一九八四年
稲垣忠彦・松平信久・宮原修他『子どものための学校——イギリスの小学校から』東京大学出版会　一九八四年
JUNIOR EDUCATION, Scholastic Publication Ltd.

『教育展望』（教育調査研究所、一九九九年五月）
＊原題は「新教育課程と教師の構想力——総合学習を中心に——」

5 「授業づくり」と教師の成長

一 授業改造の歴史と現在

一九九〇年代に、教育の現場に広く流布している二つの言葉がある。「新しい学力観」と「横断的・総合的な学習」である。

「新しい学力観」は、一九八九年改訂の学習指導要領のキャッチ・フレーズとしてひろまり、意欲・関心・態度、思考力、判断力、表現力、創造力、個性化、自己実現といった言葉が教育の現場にあふれた。

「横断的・総合的な学習」は、一九九六年の第一五期中央教育審議会の第一次中間報告によって広められた。「生きる力」は「全人的な力」であり、その形成には総合的な学習が望ましいとされている。知識の伝達、偏差値重視の学習による閉塞を開くことを求めての、学びのパラダイムの転換をめざすことが、二つの言葉には含まれている。そしていずれも学習指導要領の改訂や、中教審答申による、上から下への方向で流布してきたという事実に注目したい。

授業の歴史をふりかえるとき、二つの言葉の源は、知識伝達的、定型的授業の改造をもとめた、学級や学校からの授業改造の試みとして、一世紀前にさかのぼることができる。

一八八六年一一月七日に、高等師範学校附属小学校訓導の樋口勘次郎は、二年生の生徒と上野・池の端から飛鳥山にむけて遠足をおこなっている。遠足は「遊山」ではなく、「世界を大学校とし」、「すべての物を、その社会の中にて、他の各員と相互関係の状態に於いて観察」させることが目的であり、生徒は道々の様子、目につく建物、自然、社会事象、そしてさまざまな人々に触れ、その体験をもとに作文を書いている。

子どもの自己活動を中心とし、教科をこえて総合的な学習をめざすものであり、この遠足をとおして学んだ「生徒の学問」は、動物学、植物学、農業、商業、工業、地理、地質、人類学、物理学、詩、修身、作文におよぶものであるとされている。遠足に先立って、子どもたちは東京教育博物館を見学し、樋口はさらに遠足の前日に、予定されたコースをたどり、そこで子どもが何に出会い、触発され、何を学ぶかを考え、丹念に指導の準備をしている。子どもの自己活動と学問・文化との統一、そしてそのための教師の周到な準備は今日の実践にたいして示唆することが多いだろう。この実践は一八九九年に『統合主義　新教授法』で紹介され、広く影響をあたえた(1)。

授業の閉塞をするどく批判し、授業とカリキュラムの根本的な転換をこころみた実践に、一九一七年に長野師範附属小学校の研究学級の試みがある。「教育は行きづまっている。教科目も教授時間も法によって規定され、教材の選択も分量も排列も国定教科書によって決定されている。教育はその内容も形式もすでに規定されている。だから、研究といへば、所定の教科は所定の時間にどれだけの教材を教授すべきか、それはいかにして可能であるかの範囲しかゆるされていない」とし、その転回を子どもを軸としてとらえることに求めている。「児童の教育は、児童にたちかへり児童によって児童のうちに建設されなくてはならない。そとからではない、内からである。児童のうちから構成さるべきものである」とし、その基盤を子どもの生活にもとめている。「児童の生活をおもんじ、児童はその生活から学ぶ事である。児童はみづから歩んで行く。わたしたちは児童をあゆませる。そこに教育を発見し創造することである」としている。(2)

生活からの教育は、教科目、時間割、そして場所を超越し、児童の社会、一般の社会、自然の環境がいかされ、郊外の活動が重視される。そこにはあらゆる教科目が生きているととらえられるのである。自らも一九七〇年代から総合学習の実践を試みてきた牛山栄世は、研究学級における淀川茂重の実践から次のような特徴をあげている。(3)

第一は、淀川における、子どもの身体への注目である。

「いままで学校でいちばん厄介視されたものは児童の身体であった。が、身体こそは学習に終始すべきものである。視たり触れたりなめたり嗅いだりした事物の性質は、その行動と密接な関係をもち明確に体認されてしかも意義をもっている」ととらえ、学習の起点は身体活動であるとしている。

第二は、事物や事象にたいする「如実な理解」の重視である。

善光寺のまわりの石灯籠について、「材にして研べたり、その苔蒸す状態や風雨に損した程度を察したり、どうした発願から、どこの人が、どこから運んで来て、献納したものかを調べたりすることは、美術にも、理科にも、地理にも、歴史にも、関係のあることでありまして、それら、研察の綜合が、兎に角に、石灯籠の理解」であり、おおくの場合、一つの科目で「如実に考究」することはむりではないかとしている。また、子どもの理解は「感覚的であり、事実的であり、個人的であり」、「事に物につきやすいのが児童の性情」であるとしている。

第三は、教科の位置づけである。

実際の生活から、自分の経験から、「ほのかにも見出された黎明、黎明にまつはるいろいろの事象から帰納したものが、そこでまとめて考えられるとき、そこに系統をかたちづくってみる」。それが深められ、広められ「生活の法則となり原理となって教科の名にあたひする」とされている。具体的な事態から、子どもに意味が認められ、その意味のまとまりが教科の内容や系統に当たるものとしている。そして、「児童が学習しつつある教科の綜合は、やがて児童生活の総体でなければならない」としている。

第四は、教師の位置である。

淀川は、教師は「生活の場面を浅くてもいいから広く取ることにして、さて、自分の行くべき道の入口はどこにあるかを児童めいめいに見つけさせ、見つけたら、その道についてひたすら進ませるがよいと思ふものであります」と述べ、「目ざすところさへたしかに定まっていれば、それに到達する手段•方法•順序などは個人によって相違のあることをゆるしたがいいと信ずる物であります」としている。教師は「すべてを稟賦に即し、自然の能力を基礎とし、その特殊性を媒介として、個々の児童をして一般に顕現させようと、診断し考慮してやるみとりびとであり、忠言し激励してやる道づれである。児童の内的な反応を類推する観察者であり、反応を変化すべき機縁を提示する指導者である」とし、それは熟練を必要とする仕事であるとしている。

七〇余年前の実践報告において、今日、課題とされている、子どもの学びの特質、総合的学習の意義、そして教師の役割が、自らの実践の省察に基づいて明確に記されている。熟練を必要とする教師の仕事はこのような省察、反省をとおして成長が可能となるのである。

研究学級の実践と研究は、外部の参観を断るという方針もあって、ひろく影響をあたえることはなく、校内で持続されていったが、一九二〇年から、木下竹次主事のもとで展開された奈良女子高等師範附属小学校の合科学習、学習法の実践と研究は、授業参観、学習研究会、雑誌『学習研究』によって、全国的に影響をあたえ、研究のネットワークが形成されていった[4]。

木下が着任してから行われた教師の研修の様子は長岡文雄によって紹介されている。職員会では、事務的な内容は最小限にとどめ、実践に関する論議を充実させていくという方針がとられ、実践の基盤となる教養を豊かにすることが求められ、自由な読書会、校外での講演の紹介や映画をみる機会をつくっている。学習指導の研究に関連して、「新カント派」やデューイの研究をすすめ、教育的社会学研究が必要としている。職員会は日常的な研究の場であり、月に二回ていど研究授業が行われ、授業批評会が持たれ、各自の研究とともに「同志相倚ッテ行ク」共同研究が重視されている[5]。二〇余年にわたって同校の主事をつとめた木下を中心とする同校の実践と研究は、学校をベイスとする教育研究の可能性をしめすものであった。

以上は、一世紀まえから展開していた授業改造の系譜である。大正期の終わりから、子どもの主体的な学習を志向した実践にたいする規制が強められていった。また昭和にはいり、戦時体制にむけての教育改革への動向のなかで、皇国民の形成を目的とする総合化が求められ、教育審議会の委員会では、従来の合科・総合学習における自由主義・個人主義、子どもの自発活動、個性の重視は否定され、合科・総合教育は皇民的精神の育成の方法として取り入れられ、教科、教材の規定のもとで、「周到ナル監督ノ下ニ」「全部又ハ一部ノ教材ノ綜合教授」が認めれた。一九四一年の国民学校令では、文部省の教育課程行政においてはじめて「綜合授業」が規定され、皇国民の錬成を目的とする教科の編成と第一学年における「綜合授業」が実施された。それは、樋口勘次郎以来、教室に於いて、学校に於いて創造され、伝えられてきた総合学習を、その目的において変質させ、制度化して、上から下へとつたえていくものであった。

今日、「新しい学力観」「横断的・総合的学習」を旗印として主張されている授業の改革は、どのような閉塞状況を開こうとし、どのような特質をもっているのだろうか。

学習指導要領による教科の枠と内容は、現在の教育課程審議会で検討されている。しかし、そのような内容を、受験体制のもとで効率的に教えること、そしてそれを求める親の期待が教師の意識を強く規制していることは否定できないだろう。教師の実践と研究も、ほぼ一〇年おきに改訂され伝達されてくる学習指導要領に規定され、教育方法もそれを前提とするものとなっている。教師の研究自体が制度化され、受動的なものとなっているのである。

この巻のテーマである「学びの転換」は、なによりも「授業の創造と教師の成長」という「教師の転換」を求めるのであり、その転換は学習観・カリキュラム観の転換だけではなく、トップ・ダウンではない、実践、研究のボトム・アップへの転換をもとめるだろう。

現在、「横断的・総合的な学習」というとき、その内容は、中教審答申が例示した国際理解、環境教育、情報教育に限定されてとらえられる傾向がつよい。一世紀にわたる実践の歴史のなかで、教師と学校によって生みだされてきた多様な遺産が枠づけられていく可能性がすでにみとめられるのである。

二　授業の創造と教師の成長——斎藤喜博の求めたもの

1　授業改造の系譜のなかで

本稿の主題である「授業の創造と教師の成長」を、生涯にわたって求めつづけた人物として、私が思い浮かべるのは斎藤喜博である。

一九三〇年に群馬師範学校を卒業し、佐波郡玉村小学校に勤務して以来、教師として、校長として、そして退職以後も教師教育者として、一九八一年の没年にいたるまで、斎藤の主題は、実践者としての授業の創造と研究であり、専門家としての教師の成長であった。その足跡をあとづけてみよう。(6)

斎藤が最初に赴任した玉村小学校では、校長の宮川静一郎のもとで、一九二七年から奈良女高師範附属小の学習法、合科学習に学んで、一年生から三年生にかけて「未分科教育」の名で合科学習をおこない、中高学年に学習法を取り入れていた。斎藤は三年を担任した一九三九年に、合科学習の時間を特設して、その時間は生活題目を取り上げ、教科もその精神で指導するという方針をとっている。九月に群馬女子師範学校で合科教育の研究発表をおこない、群馬県初等教育研究会編『綜合教育の研究』に「玉村における合科教育の実践」として「お蚕」の学習を発表している。題目の決定のあと、家庭や近所での観察により独自学習が行われ、その結果の発表による相互学習が行われている。斎藤が初任期の一九

三二、三年に、県下の高崎中央小学校、下川淵小学校、群馬女子師範附属小学校などでおこなわれていた実践やダルトン・プランを参照しつつ、授業づくりを試みていた様子は野瀬薫の研究によって明らかにされている。奈良女高師附属小学校をはじめとする「大正新教育」の実践が群馬県下に広く行われ、その中で斎藤の教師としての成長をみることができる。また、県外では東京の富士小学校、滝野川小学校などの影響をみとめることができる。(7)

戦後、斎藤のもとで形成されていった島小学校の学習形態の原型は、前節でのべた明治以来の授業改造の水脈に位置しているのであり、教育実践における事実をもとに、その検討によって教師の成長をもとめるという姿勢は、玉村小学校以来一貫してみとめることができる。

一九三五年の文章で、「現在の教育者の指導ぶり」として三つの類型をあげている。第一は、千篇一律な教材研究と指導態度とによって、機械的指導を固守して省みることのない教育者であり、第二はすばらしい教材研究と指導の熱意をもちながら、現前の児童を意識しない教材研究、一方的な熱意にとどまっている教育者であり、第三は、特殊である「現前児童の実体」の上に、特殊である彼らへの教育実践を建設しようとする教育者であるとしている。(8)

斎藤において、実践は教師としての成長の基盤であった。「教育実践家の幸福の一つは、実践がわれらに無限の教育問題を投げかけてくれるということである。実践によってわれわれ自身の学問ができるということである。」「実践上の問題は実践家でなければとうてい得られない。またその解決も実践をとおしてでなければ、大部分なされないものである。ゆえにつねに問題を実践のなかに求め、方法的にそれを解決するということは、教育実際家の信条でなくてはならない。またそれは教育実際家の義務の一つでなくてはならない。実践上の問題は教師が作るのである。教師が努力して実践のなかから問題をつくりだすのである」[9]。ここには、実践者としての主体性、実践をベイスとする学問への志向が示されている。戦中期におけるこの立場は生涯をとおして保持されていく。戦後、群馬県教組の文化部長をへて一九五二年佐波郡島小学校校長となり、六三年まで一一年間、同校に在任している。

そこでの主題は学校づくりであり、それは一人一人の教師の授業づくり、実践者としての成長と結びついていた。それは奈良女高師附属小学校、そして玉村小学校の実践につながっている。

斎藤が文化部長のときに創刊された教組機関誌『文化労働』に、島小の実践の検討の記録が発表されている。実践検討会の名でひろく実施されていた研究は、授業の事例研究であり、授業の事実に即した研究をとおして教師の成長をめざすものであった。

一九五五年から島小学校ではじめられ、八回にわたって継続された公開研究会は授業の研究会であるとともに、学校づくりの実践の研究会であった。

2 実践の理論化をもとめて

一九六〇年に刊行された『授業入門』は、多くの教師に読まれ、影響をあたえた。同書の「あとがき」で、斎藤は「私は『授業』ということばが好きです。教師として、『授業者』であることを、この上なく誇りにも思っています。『授業』を見ることも、楽しくておもしろくて仕方がありません」と記し、その理由として、授業は「それと対決して、追求し深めてゆけば行くほど、無限に高い世界をみせてくれるからです。そういう授業によって、子どもは無限に自分のもっている可能性を実現し創造するし、教師もまた、それによって自分を変革し、成長させていくことができるからです」とのべている。

ここには、実践による子どもの可能性の実現、成長とともに、教師自身の可能性の実現と成長が、授業の創造と結び合ってのべられている。

『授業入門』から、『授業』(一九六三年)、『授業の展開』(一九六四年)、『教育学のすすめ』(一九六九年)とつづく一連の著作において、斎藤は実践者としての立場から授業の理論的構築を意図していた。それは実践者として、授業者としての、実践の内側からの理論形成の試みであった。とくに、教室での実践の過程としての「授業の展開」の理論化に努力している。

斎藤は、「授業の展開」は、教師、教科の専門家、心理学者、教育研究者などとの共同によって可能となる教授学の構築において、教師が「現場で請け負わなければならない仕事」であるとし、教師が「無意識的にやっている展開の断片を意識的に組み立てたり、つないだりして、まとまりあるものにして行く」作業であるとしている。[10]

『教育学のすすめ』の第二章「授業が成立するための基本的な条件」では、「授業の展開」はつぎのような構成によってとらえられ、授業という実践の構造と過程に即して、そこで求められる教師の力量が示されている。[11]
1　授業は緊張関係のなかに成立する
2　質の高いものをわかりやすく教える
3　相手と対応できる力
4　展開のある授業

5　展開の角度のある授業
6　みえるということ
7　的確な指導方法
8　最高の内容を最高の形式に盛る
9　集中のある授業

「授業は緊張関係のなかに成立する」では、授業の構造が、子ども、教材、教師という、授業を構成する三者の相互作用、緊張関係として示され、望ましい緊張関係をつくりだしていくことが教師の課題とされている。そしてその構造を前提として、教師を軸とする授業という仕事の基本が、次のように述べられていく。「質のたかいものをわかりやすく教える」は教師と教材との関連における原則であり、教材の選択、構成とともに、説明や発問がとりあげられている。「相手と対応できる力」は教師と子どもとの関係において、教師の子ども理解と、授業における子どもの反応や事実にそくして、適切な対応を選び、創造して行く力を意味している。以上の教材と子どもの把握にもとづいて、「展開のある授業」が位置づけられる。それは子ども、教材、教師の相互作用、そこでの発展、創造をふくむ力動的な過程であり、そのような授業を実現する核として、「展開の角度のある授業」では、「角度」という言葉によって、教師による教材と子どもとの結合、統一の意識性が取り上げられている。教材の提示、発問、問題の整理において、統一を求めての意識的な働きかけ、援助が求められている。「みえるということ」は教師が授業において、子どもの活動、表現、教材の働きをとらえ、さらにそれらの相互の関係、ダイナミズムを見通す力を意味している。

ここには、実践者による、実践の概念化の試みをみることができる。これにくわえて、斎藤が強調したのは、教師が真正の学問、芸術、文化に開かれていくことであった。島小学校以来、多くの研究者、芸術家などの協力や支援をもとめ、教師の教養、自己教育を重視した。それは教材の把握において、教科書や指導書のみでなく、その内容を学問、芸術を背景とし、さらに教師自身の追求や創造の体験、研究体験の重要性の指摘であった。

3　教師教育者として

島小学校以降、没年までの斎藤の仕事を教師教育者の活動としてとらえることができる。校長として、大学の講師、教授として、多くの学校での指導者として——斎藤はそれを「コンサルタント」と表現したこともあった——、また群馬県玉村の自宅でひらいていた研究会「第三日曜の会」において、参加者がもちよる実践に即して、具体的な指導をおこなった。それは教師教育の私塾であり、教師の力量形成の場であった。

大学では、非常勤講師として指導し、とくに、短期間ではあったが専任の教授として在任した宮城教育大学の演習において、彼が構想した教師教育の内容が示されている。

宮城教育大学の教授学演習（一九七四年度後期）でとりあげた内容は、①授業分析、②教材研究、③授業案・授業計画をつくる練習、④テープや写真やスライドでの研究、⑤子どもの絵のみ方、⑥教師としての朗読法の練習、⑦合唱練習、⑧合唱の指揮と伴奏の練習、⑨体育実技の研究と実技、⑩美しく歩く練習からなっている。

ここには、①授業とはどのようなものかをとらえ、教材研究にもとづいて授業を構成する実習、②テープや映像によって授業の過程をとらえ、子どもの姿、子どもと教師とのかかわりをとらえ、また子どもの表現をよみとる力を鍛える実習、③教師自身が朗読や合唱を体験することなどが重視されている。美術、音楽、体育、朗読などの鑑賞や理解の力、それが教師の指導によってどのように変化し発展していくかを、事実によってとらえ、学ぶことが目指されている。

斎藤は演習の目的として、「いままでにすこしは明らかになった、授業の原則とか、法則とか指導の技術とか方法とかをもとにしながら、できるだけ教材とか指導の事実を対象にし、授業の原則や方法を追求しようとしていった。またそういうしごとのなかで、授業研究とか教授学研究の方法を学生にまなんでもらおうとした」と述べている。またそれは、「教員養成大学としての研究実験の場」であり、教官もそこに参加し、授業を研究し、その方法を考える場であるとしている。教師となるものにとって、また教師教育に当たる大学の教師にとって、授業とその研究の方法の追求が課題とされていたのである。それは、今日求められている、教員養成の改革に示唆をあたえるものである[12]。

斎藤の一貫した主題は授業の創造であり、実践の検討と反省と吟味、それにもとづく教師の成長であった。それは、奈良女高師附属小学校、その系譜につながる群馬の学校、東京の富士小学校、滝野川小学校など、日本の授業改造の歴史的水脈につながり、授業の理論化と教師教育の構築を、めざすものであった。

横須賀薫は『斎藤喜博　人と仕事[13]』において、斎藤の名が没後一五年にして忘れられ、その存在が過去のものとなっていると記している。私は、そうではないと思う。授業の創造と教師の成長という斎藤の主題は、現在その意味を明確にし、それをどのように具体化しうるかが、実践や研究、教師教育の切実な課題となっているのである。実践の事実に即して、ひろがりをもって授業を検討し、それを教師の成長の機会とする事例研究は定着し、国際的にも教師教育の課題となっている。大学での教員養成において、その改革が求められ、斎藤が教師教育として構想し示した内容の重要性も理解されてきている。それをどう具体化するかに立ちおくれがあり、そのおくれを、どのように克服するかが大学や、教師教育の課題となっているのである。

実践を、学問、芸術、文化のひろがりのなかでとらえ、考察することによって、授業をみなおす共同研究もすすめられているし、実践と教育学、心理学の関係もおおきく変わり、教育実践にもとづく心理学研究も着実にすすんでいる。[14] 横須賀のいう、学校の状況をめぐる変化と困難は存在し、また斎藤喜博の名前は忘れられることがあっても、その水脈はつづいているのであり、それを実践者として、研究者としてどう発展させていくかは、変わることのない課題なのである。

三　教育改革と教師の成長——米国の場合

日本における教育改革の進行において、その論議が、政府や文部省の審議会から始まり、実践の改造においても、審議会の答申や学習指導要領の改訂と、その伝達によって進められ、教師教育もまた制度化され、上からの改革という性格が顕著である。またトップでの改革の意図が、下位の行政機構の官僚性によって抵抗をうけている状態も、みとめられるのである。教育改革の実施において、このような構造自体の検討が求められるだろう。ここでは、「もう一つの改革の歩み」として、教師教育を中心として、教師の専門性、自律性に注目した、米国の一九八〇年代以降の教育改革の動きをとりあげることにしたい。

一九八三年に教育長官が設置した審議会の報告書『危機にたつ国家』(A Nation at Risk) は、学力の低下が国家の危機につながっているという警鐘であり、それ以降、学力問題と教師教育が全国的な論議となっていく。

教師教育については、一九八六年に二つの重要なリポートが出ている。一つは、カーネギー財団「専門職としての教職に関する委員会」の『準備された国家』(Nation Prepared) であり、「二一世紀の教師」の副題がついている。「危機にたつ国家」に対して、二一世紀にむけて準備された国家を志向し、その核になるものとして教師と教師教育が位置づけられている。教師像としては、高度な技能をもつ専門職であり、とくに教育実践における教師の決定権 (discretion) と自律性 (autonomy) が重要であり、官僚的規制をのぞくことが求められている[15]。

もう一つは、教師教育にかかわる主要な大学・学部の連合である、ホームズ・グループの報告書『明日の教師』(Tomorrow Teachers) である。ここでも官僚的規制を少なくし、専門職としての自律性をたかめることが重要であるとし、教師がお互いに学び合い、他の専門家からも学びうる学校が必要であるとして、「教職の専門性開発学校」(Professional Development School) を提唱している[16]。

一九八八年に訪米した時に、いくつかの大学をたずねたが、二つのリポートをうけて、教師教育改革が論議され、それぞれの大学で具体化されつつある動きにふれることができた。コネティカット大学にヴィンセント・ロジャーズ教授をたずねたときに、学部の委員会で作成されたばかりの教育プログラムをみせてもらった。

学習の内容としては、①学校とは何か——その背景、組織、学校をめぐる問題、②学習、人間の成長と発達、③特殊教育（英才教育を含む）、④教育におけるテクノロジー、⑤多文化社会における教育、⑥プロフェッションとしての教職、⑦授業の計画、カリキュラム開発、未来の教育といった、広いテーマがあげられていた。

「プロフェッションとしての教職」では、プロフェッションの特質、他者への奉仕者であることの自覚、判断し・決定し・探求し続けること、実践の反省と検討、プロフェッションの倫理が重要とされていた。授業の計画、カリキュラム開発については、教師はカリキュラムのユーザーにとどまらず、計画、開発の主体であり、社会の要請や子どもの状態に即して学習過程を構成する力をもつこと、未来の教育について理解し、それを創造する試行について理解することがあげられていた。大学での教育方法では、演習と臨床的指導が重視され、観察、インタヴュー、事例研究が活用されていた[17]。

ロジャーズ教授は一九八五年の論文で、プロフェッショナルとしての教師教育において、どのような経験や機会を重視すべきかについて次の一〇項をあげている[18]。

1 実践という複雑な、変化する事態に対応するために、創造し、工夫し、即興的に対処する能力を形成する経験をもつこと。

2 芸術家のように、つねに自分の感覚、感性をきたえる機会をもつこと。

3 さまざまな角度から実践を振り返り、反省する機会をもつこと。理論から実践へ、実践から理論への双方向性が必要である。

4　自分の感じたこと、考えたこと、経験を公に表現する機会をもつこと。

5　教師は、自分自身の個別的判断がもとめられる孤独なプロフェッションである。それだけに、他の教師と問題意識、課題を共有し、共同でカリキュラム、教材を開発していく機会をもつこと。

6　ゴールのきまった仕事を進めるのではなく、実践の過程において、追求をおこなう真の探求の経験をもつこと。

7　大学において、現職教育において、また地域社会において、豊富な経験をもつこと。

8　全体的な視野、状況の把握、すなわち、ものごとの全体的な関連、関係をとらえていくこと。

9　助言者、モデルの提示者としての活動とともに、アプレンティスシップとしての活動を体験すること。

10　以上のような活動を、完結したものとしてではなく、つねに開かれ、発展するものとして持続すること。

ここには、今日求められる教師の特質が、実践の特質との関連において示されている。

先に紹介した「備えある国家」「明日の教師」に、理論的な助言者として貢献した、スタンフォード大学のリー・ショーマン教授も、一連の論文において授業の特質を明らかにし、教師を反省的実践者(reflective practitioner）としてとらえ、ケイス・メソッドにもとづく研究をとおして、教師の専門性が形成されていくことを求めている[19]。

「備えある国家」では「専門的教職基準のための全米委員会」(National Board for Professional

Teaching Standard)[20]の設置が提唱され、一九八九年に、教師を主体とする六三人の委員会により基準大綱がつくられている。

大綱は、専門職として教師にもとめられる授業の力量と倫理を示すものであり、熟達した教師の実践の中核的な特質として五項目の提言を示し、そのような授業の改善によって、教育改革を推進することが目的とされている。授業という重要な仕事が、それにふさわしい敬意と社会的承認を獲得することをめざすものとされ、「教師による、教師と共同の、教師のための」(by the teacher, with teacher, for the teacher) 基準であるとされ、委員会は、その基準を満たす教師を認定するヴォランタリイなシステムであるとされている。

大綱は次の五つの提言からなり、それぞれに具体化された項目が示されている。

1　教師は子どもたちと、その学習に責任をもつ
　子どもたち一人ひとりの違いと個性を理解し、それに対応して実践する
　子どもたちの発達と学びについて理解する
　子どもたちに公平に対応する
　教師の使命は子どもの知的能力の発達にとどまらない

2　教師は教科内容と、それを教える方法を知っている
　教科の知識がどのように創造され、組織され、関連する学問分野とつながっているかを理解している
　教科内容を子どもたちに伝える方法についての専門的知識を駆使することができる

3　知識に到達する複数の道筋をつくりだす
教師は子どもたちの学習の運営、助言に責任をもつ
目的にあった複数の方法をもとめる
集団的な場において、学習を組織する
子どもが学習に責任をもってとりくむことを励ます
定期的に、子どもの進歩を評価する
主要な目的に、つねに配慮する
4　教師は、自らの実践を計画的に考察し、経験から学ぶ
たえず自分の判断を問い直すという、難しい選択をおこなう
実践の改善のために、教育研究や学識を身につけるため、他の助けをもとめる
5　教師は学習共同体（Learning Community）のメンバーである
他の専門家との共同で、学校の教育効果をたかめる
親と協同して仕事をすすめる
地域の資料や人材を活用する

五つの原則は、①子どもの把握、②教材の理解、③指導の方法、④教師による実践の反省、⑤開かれた学習共同体への教師の参加という、教師の仕事の構造的な把握にもとづくものであり、その内容には、専門性の形成を求めてきた教師の経験と、これからの教職に求められる方向が簡潔にしめされている。

教師の専門性は、第一に子どもを目的とするものであり、一人一人への理解と、集団としての把握、

組織が求められる。教材については、教えることを知識として知っているだけではなく、それがどのようにつくりだされ、その背後の学問などとどのように関連しているかの理解が求められ、その教授における専門的知識を駆使すること、子どもの学習のさまざまな筋道を理解し、目的にそくした複数の指導方法をつくりだしていく力が必要とされている。教師はみずからの実践を検討し、他からの援助を求めつつ成長していく反省的実践者としてとらえられており、そのような専門性は閉ざされたものではなく、他分野の専門家、親、地域に開かれた学習共同体のメンバーとされている。

この基準は校区、州、大学などにおいて、教職のガイドラインとなり、教師の自己反省(self-reflection)をうながすものとなっている。米国の一九八〇年代からの教育改革において、教師の専門家としての成長が改革の中軸に位置づけられ、その実践の質が教師、教育研究者、教師教育者などの協同によって明らかにされ、実践の基準として示されている。そこには教師としての誇り、その仕事の価値の自覚、使命感が認められ、それを支えているのは教師と教職の自律性である。

改革は、教室や学校、地域という実践の場において、実践を担当する教師の自信とそれをささえる支援によって展望をもちうるのである。教師と教師教育の当事者のイニシアティブですすめられてきた米国の教育改革の動きは、日本の改革に示唆をあたえるものと言えるだろう。

四　おわりに

一節の「授業改造の歴史と現在」では、日本における授業改造の系譜に注目し、教師による授業・カリキュラムの改造、形成の努力は一世紀におよんでいることをのべ、それが伝播し、伝承されて、日本の教育の一つの伝統として存在していることをのべた。二節「授業の創造と教師の成長——斎藤喜博の求めたもの」では、実践者の一人として斎藤喜博の例をあげて、教師による授業の創造、授業の理論の形成、そして教師の専門家としての成長をめざす教師教育の実践をとりあげた。それは一節の歴史的系譜につながり、それを、一人ひとりの教師の成長において発展させようとする試みであった。三節「教育改革と教師の成長——米国の場合」では、米国において、教育改革の中軸として教師教育がとりあげられ、大学や地域において、授業の質的追求と教師の成長が相即してとらえられ、教師の実践者としての力量と倫理の基準が形成されてきたことをのべた。

以上において共通しているのは、教師を主体とする実践の質的な追求であり、それと密接した教師の成長の志向である。授業改造の先人たちや、斎藤がもとめてきたものと、米国の教師が形成してきた実践の基準は、共通性を示しており、いずれも実践者としての自律性と、ひらかれた専門性への志向をしめしている。

そのような共通性の指摘とともに、日米の教育改革における構造の違いを指摘しなければならない。それは改革における教師の位置であり、とくに、教師の主体性、自律性である。

従来の教育改革は、つねに上から下への方向で進行し、教育課程、教師教育の改革においても、学級・学校からの試みと、その交流によって漸進的にすすめられていくのではなく、行政的、制度的にすすめられ普及してきた。そして、そのことが教師の主体性、自律性を弱めてきたことはこの四〇年間の経過にみることができる。教育改革において、そのような構造自体の改革が求められるのである。

教育行政においては、教師の仕事の難しさを理解し、それへの敬意をもちつつ、実践を支え、教師の自律的な成長を援助すること、そして教師自身がその仕事に誇りをもちうる条件を創りだしていくことが重要である。

教育改革の原点として、授業と学習の転換を位置づけるとき、それを可能にするものは、教師自身の転換、そして教師教育の転換であり、さらにそれを支える教育行政の転換と、改革の構造自体の転換が求められているといってよいだろう。

(1) 樋口勘次郎『統合主義新教授法』同文館、一八九九年。
(2) 淀川茂重『途上――研究学級の経過』信濃教育会出版部、一九四七年。
(3) 牛山栄世「研究学級」『信州大学教育学部附属長野小学校一〇〇年史』一九八六年。
(4) 吉村敏之「奈良女高師附属小学校の合科学習とその継承　解説」『日本の教師　第七巻』ぎょうせい、一九九三年。
(5) 長岡文雄『学習法の源流――木下竹次の学校経営』黎明書房、一九八四年。
(6) 稲垣忠彦「斎藤喜博における授業論の展開」『授業研究の歩み――一九六〇―一九六五年』評論社、一九九五年。
(7) 野瀬薫「戦前期における斎藤喜博の教育実践の形成と大正新教育の影響」『教育学研究』第六二巻第四号、一九九五年一二月。
(8) 斎藤喜博『教室記』『斎藤喜博全集　第一巻』国土社。
(9) 斎藤喜博『教室愛』同前。
(10) 斎藤喜博『授業の展開』『斎藤喜博全集　第六巻』国土社。

(11) 斎藤喜博『教育学のすすめ』同前。
(12) 横須賀薫『斎藤喜博　人と仕事』国土社、一九九七年。
(13) 同前。
(14) 授業を学問・芸術・文化のなかで考察しようとする試みとしては、『シリーズ　授業——実践の批評と創造』(全一一巻、岩波書店)。『教育と文化』(全六巻、東京大学出版会)などがある。教師とその実践に注目した心理学研究の動きとしては、教育心理学会での自主シンポジウム「教育心理学の実践性をめぐって」、「教師を育てるということ」、「教育心理学と教科教育の対話」などをあげることができる。
(15) The Carnegie Forum on Education and the Economy, *A Nation for the 21st Century: The Report of the Task Force Teaching as a Profession*, 1986.
(16) The Holmes Group, *Tomorrow's Teachers: A Report of the Holmes Group*, 1986.
(17) 稲垣忠彦「教師教育改革の動き」『総合教育技術』小学館、一九八九年一一月号。
(18) Vincent Rogers, "Way of Knowing: Their Meaning for Teacher Education", *Learning and Teaching: The Way of Knowing*, NSSE, 1985.
(19) Lee Shulman, "Those Who Understand: Knowledge Growth in Education", 1986, "Knowledge and Teaching: Foundation of the New Reform", 1987, *Toward a Pedagogy of Cases: Case Method in Teacher Education*, Columbia University Press, 1992. 稲垣忠彦「授業の事例研究の試み」『授業研究の歩み——一九六〇—一九六五年』評論社、一九九五年。
(20) National Board for Professional Teaching Standard, *What Teachers Should Know And Be Able To Do*, 1994. 佐藤学「アメリカの教師教育改革における『専門性』の概念——二つのリポート(一九八六年)の提言と改革の展開」『教師と言うアポリア——反省的実践へ』世織書房、一九九七年。稲垣忠彦・佐藤学『授業研究入門』岩波書店、一九九六年。

『岩波講座　現代の教育　第三巻　授業と学習の転換』（一九九八年八月）
＊原題は「授業の創造と教師の成長」

6　教師教育の課題

一　教職の専門性ということ

1　教師教育の課題としてのプロフェッショナル・ディベロップメント

教師教育の課題を、何よりも教師のプロフェッショナル・ディベロップメント（professional development）としてとらえておこう。内外の教育改革をめぐる論議のなかで、プロフェッショナル・ディベロップメントが教育改革の中心的課題として位置づけられている。教育改革において、実践を担う教師への注目は当然のことといってよい。

プロフェッショナル・ディベロップメントと言うとき、まず、プロフェッショナルとは何かが問われるだろう。教職において、プロフェッションは論議をふくむ言葉であり、その論議は半世紀におよんでいる。[1]

リーバーマンは一九五六年の『専門職としての教育』（M. Lieberman, *Education as a Profession*）で、プロフェッションの指標として次の八点をあげている。

1　独自の欠くことのできない社会的サーヴィスであること

2　サーヴィスを果たすうえでの高次の知的技術をもつこと
3　長期にわたる専門的教育をうけていること
4　広範囲な自律性。それは個別的実践者としての、また職業集団全体としての自律性であり、実践において最良の判断を下し得るための権利である
5　自らの判断に責任をもつこと
6　報酬より、サーヴィスが重視されること
7　専門的基準を高めるための自治組織をもつこと
8　職業集団として、倫理綱領をもつ。それは固定的な規範ではなく形成的な規範である

リーバーマンの指標においては自律性（autonomy）が重視され、それは個々の教師が、実践において最適の判断を下すための権利であり、同時にその判断に対して責任を負うべきことが強調されている。しかし彼は、当時の教職の実態において、以上の指標がすでに実現されているとは考えていなかった。多くの障害が内外に存在していることを認め、行政当局の自律性の無視を批判するとともに、教師にその力量と意識における変革を求め、自律性の内実的な形成を求めている。専門性は形式的な資格、基準の充足によって承認されるものではなく、実践自体の質的向上と、その実践にたいする社会的評価によって承認されるものとしてとらえられているのである。

それから一〇年をへて、一九六六年一〇月にユネスコ・ＩＬＯの「教員の地位に関する勧告」がだされている。「勧告」は「教育の進歩における教師の不可欠な役割、ならびに人間の発達と現代社会の発展にたいする彼らの貢献の重要性を認識し、教師がその役割にふさわしい地位を享受することを保障する

ことに関心をもち」、それぞれの国における法令や慣習の多様性をみとめつつ、それらの相違を越えて「一連の共通の基準および措置」を示したものとして位置づけられている。(2)

「教員の権利と責任」の「職業上の自由」の項では、「教育職は専門職としての職務の遂行にあたって学問上の自由を享受すべきである。教師は生徒にもっとも適した教材および方法を判断するための格別の資格を認められた者であるから、承認された枠内で、教育当局の援助をうけて教材の選択と採用、教科書の選択、教育方法の適用などについて不可欠な役割をあたえられるべきである」(第六一項)とし、「教員と教員団体は、新しい課程、新しい教科書、新しい教具の開発に参加しなければならない」(第六二項)と述べ、「一切の視学、あるいは監督制度は、教員がその専門職としての任務を果たすのを励まし、援助するように計画されるものでなければならず、教員の自由、創造性、責任感を損なうようなものであってはならない」(第六三項)としている。

「教員の責任」については、「すべての教員は専門職としての地位が教員自身に大きくかかっていることを認識し、そのすべての専門職活動の中で最高の水準を達成するよう努力しなければならない」(第七〇項)とし、さらにプロフェッションとしての威信を確保するために、教員団体による倫理綱領または行動綱領の確立を求めている(第七三項)。

実践における教師の自律性と、教師とその団体における自主的な専門性の形成が求められている。

上記の「勧告」が出されてから三〇年、一九九六年のユネスコ第四五回国際教育会議で、教師の役割と地位に関する宣言と勧告案が出された。(3)

勧告案は、一九六六年の勧告の実施は予想以上に困難であったとのべ、過去の経験から、目的を達成するためには、政治的なコミットメントと技術的な能力の向上がともに必要であり、教師の社会的な役割を変えていくためには、孤立した施策ではなく、全体的・体系的な方策が求められるとしている。

自律性を支える専門的能力の形成と、自律性に対する社会的な同意を獲得していくことが同時に求められるのであり、それは、すぐれて社会性・公共性をもつ教職において求めつづけられていく課題と言ってよいだろう。そしてその場合に前提となるのは、教職というプロフェッションにおける専門的能力の特質であり、教育という実践の特質である。

2 教育実践の特質から考える

教育実践の特質として、特定性 (specificity)、複合性 (complexity)、そして実践者による個別的判断、選択の重要性をあげておこう。教育の実践としては、授業、生徒指導、学級経営など多分野にわたるが、ここでは授業を中心にみることにしたい。

授業において、子どもはそれぞれに固有の生育史、家庭や地域の背景、独自の経験、学習歴をもって、固有名の子どもとして存在し学んでいる。学級もまた個性をもった特定の集団である。教師は授業において、子どもたちの実態に即して、特定の教材を選ぶのである。このように、授業は固有名の子どもたちを対象に、特定の内容、教材に即して、特定の方法を選びつつ行なわれる活動であるが、教師自身もまた、特定の固有名の存在である。そのような関連において、実践は、基本的に個別の教師の判断と責任において行なわれるのである。

そこで行なわれる判断や決定は、複合的な判断にもとづいている。子ども、教材、方法を同時に、それらの重なりにおいてとらえ、その場面における特定の、複合的な判断、選択が求められる。その判断は時間的な経過をたどるなら、①何のために何を教えるのかという目的の決定、②対象とする特定の子どもたち、教材の理解、③その子どもたち、教材に即しての方法の選択、授業案の作成、そして④授業の過程で行なう行為における多くの選択と決定が、いずれも個々の教師の判断のもとで行なわれるのであり、⑤さらに、その結果にたいする評価、反省もまた教師の判断によるものである。このように授業は、教師による一連の判断としてとらえられ、実践の評価や反省を通して、教師の子ども理解、教材の把握、方法理解は深まり、それがプロフェッショナル・ディベロップメントの内実をなし、また教師の自律性が求められる根拠をなしている。

教育において、実践は一人から発し、一人にかえってくるのであり、それを軸として、プロフェッションにおける同僚、さらにより広い職業集団による、共同の検討、研究が行なわれるのである。教育実践は学問的理論の応用としてではなく、特定性、複合性にもとづく不確実性のなかで、選択として行なわれ、自分および先人の経験に負うことが多く、それゆえに実践の反省、共同の検討が求められるのである。

教育と多くの共通性をもつ先行のプロフェッションである医療について、星野一正は、医療の臨床現場においては「本質的不確かさ」が存在し、それは医師の学識経験にもとづく判断によって補われ、そのような判断を検討し、交流する医療の場における症例検討会、同僚批判（peer review）の意義を説かれているが、そこには先に見た教育実践の特質との共通性をみとめることができる。(4)

一九六六年の「勧告」以降、とくに一九八〇年代の教育改革の動向のなかで、教師教育が教育改革の焦点として浮かび上がり、教師のプロフェッショナル・ディベロップメントを目的とする授業研究や教師教育の開発が進められてきた。実践に即した授業の臨床的研究、事例研究の発展[5]、米国の主要大学の教育学部長による自主的な教育改革の組織ホームズ・グループによる「教職専門開発学校」(Professional Development School) の提言と具体化[6]、「専門的教職基準のための全米委員会」による、授業における倫理綱領といえる「全米教職専門家基準」(National Professional Teaching Standard) などである[7]。これらは教職の専門性への志向のもとで、実践の特質と教師の専門性に注目し、教師教育の改革を進める具体的な動きである。

以上のような教職の専門性と改革の動向にもとづき、また私の教員養成、現職教育における教師教育体験にもとづきながら、以下では今日の我が国の教師教育の問題点をあげ、何を変えていく必要があるのかを考えることにしたい。

二　教員養成の現状と課題

1　現行制度の出発

今日の教員養成の問題を考えるために、現行制度の出発点からあとづけることが必要だろう。

戦前において小学校の教員養成の基本は師範学校であり、一八八六(明治一九)年に森有礼文政のもとでその制度が確立した。中等学校教員の養成は高等師範学校を中心に行われたが、各種の専門学校、高等学校、大学などが教員資格をあたえる課程を開いていた。師範学校では生徒に学費や生活費が給付され、卒業後数年間の勤務が義務とされていた。

戦後の教員養成制度の創設において重要な役割を果たしたのは、教育刷新委員会であった。一九四六年九月の第二回総会において、教員養成問題は重要課題として位置づけられ、第七回、第一〇回総会において討議され、第五特別委員会において新しい教員養成のあり方、形態がまとめられ、さらに第八特別委員会において、教員養成制度の具体的な検討と教員資格制度の検討が行なわれ、総会の決定をへて、一九四七年一一月に「教員養成に関すること」が建議された。

その論議は師範教育の閉鎖性への批判から出発し、師範学校の教育が学問と離れ、教えるための知識と技術を身につけさせるものであったこと、給費制や服務義務制のもとでの閉鎖的な教育と学校生活が、視野の狭い教師を養成したことへの批判が強く、それにもとづいて、建議では「大学における教員養成」「開放制にもとづく教員養成」の原則が示された。教師教育の質をめぐって重要な論点となったのはアカデミズムとプロフェッショナリズムをめぐる対立であり、学識と一般的教養を重視する立場と、教師に必要とされる専門的技術を重視し、その養成においてプロフェッショナル・コースを重視する立場との対立であった。師範学校に対するきびしい批判のもとで、教員養成において形成されるプロフェッショナルな学識の内容に関する論議、とりわけ専門性とそこで同時に求められる学問性との関連の検討が不十分なままに新しい制度が制定された(8)。

新しい教員養成は大学において行なうこととされ、開放制度の原則のもとで発足した。カリキュラムは、人間として広く豊かな教養の育成を目的とする一般教養科目、学問・芸術にもとづいて教授にあたるための専門科目、教育の専門性を目的とする教職科目から構成された。教師の資格を定める教育職員免許法も、従来のように教職資格の認定を国家が掌握するのではなく、行政権にたいして教職の専門性を保障する原理にもとづくものとされ、新制度は戦前とは異なった原則にもとづく出発であった。

海後宗臣は、後に上記の改革における問題として、教師教育における大学の物的人的条件の整備がおくれたこととともに、アカデミズムとプロフェッショナリズムをめぐる対立が、理論的にも実践的にも未解決のままに残されたとし、「免許法による荷重な、細分化された科目の開設と履行が必要となった。一方、教育に関する学問的研究は一挙には達成されず、したがって、教職に関する専門教育も充実したものとはならなかった」と改革において残された課題を指摘している(9)。

師範学校において保持されていた実践的な教育研究と指導技術の教育、プロフェッショナリズムへの志向は、理念的なアカデミズムの強調のもとに軽視され、一方、実践の求める研究の具体性と複合性は重視されることなく、関連する諸学の単位の修得と、免許法の求める多数の細分化された履修科目を取得することによって免許を取得する傾向が強められた。また、教師教育を担当する大学教員の審査、採用においてはアカデミズムへの傾斜が強く、教師教育に必要な経験や能力が軽視されたことも教職の専門性にもとづく教員養成を弱体化する結果になった。アカデミズムとプロフェッショナリズムとの統一、カリキュラムにおける三つの領域の実践を核とする構造化は、教員養成の場において進展せず、また大学における教師教育の実践の未発達が、その後、長期にわたって教員養成の課題となった。

2　教員養成の現在と改革の課題

大学における教員養成のあり方については、教育職員養成審議会、教育大学協会、国立大学協会、全国私立大学教職課程研究連絡協議会、そして各大学において検討が進められてきた。教育大学系の大学院の設置などの改革も進められている。

現在、一九九六年に発足した教育職員養成審議会で、中教審の教育改革案をうけて審議が進められている。教員に求められる資質能力のあり方が主題とされ、教員養成カリキュラムの改善、教員免許制度の弾力化もとりあげられている(10)。

教師教育において改善すべき問題としては、①教員に対する社会的要請と教育課程の教育内容の実態との乖離、②免許制度の画一性・硬直性、③不十分な教育内容・方法がとりあげられている。

教員養成の現状について、そこでは、どのような問題点が指摘されているだろうか。

第一に、専門的職業の特徴について、その職務には「一般に定型的処理になじまず、その都度状況を分析し判断し答を出していかなければならないものが数多く含まれる」とし、教員の職務もこのような性格が強く、大学の教職課程では、「教員を志望する者の課題解決能力、創造力、応用力などの涵養や継続的自己教育力の育成に重点を置いて、授業の内容、方法を工夫すること」を求めている。時代の変化や社会的要請への即応とともに、専門的職業としての成長が求められているのである。

第二に、教員養成の現状について、細分化した学問分野の研究成果の教授が過度に重視され、教科指導をはじめとする教職の専門性がおろそかになり、「教員スタッフの専門性に偏した授業が多く、『子どもたちへの教育』につながる視点が乏しい」とし、学校の実態を踏まえた実践的内容を重視することが求められている。

第三に、実践的指導力の基礎を強固にするものとして、教職への志向と一体感の形成、教育実習の充実、カウンセリングをふくむ教育相談にかかわる内容の充実、各教科の指導法の重視、大学における教育方法の改善などをあげている。教科の指導法においては、教科の内容における専門的研究と子どもの学びとを統一的にとらえ、どのような方法で具体的に指導するかが課題となるのであり、その教育と研究において、「学校における実際の指導事例をもとにした討議、観察、参加、体験、調査など、教員を志願する者の知識および技能をより具体的なレベルまで深める授業方法」の工夫を求めている。

第四に、免許制度の画一性・硬直性を指摘し、それが大学にとって創意の余地が乏しい窮屈なカリキュラムをもたらし、画一的・総花的なものになっているとし、大学による創意あるカリキュラム編成を求めている。

以上は、現在の教員養成にみられる問題点を指摘しつつ、その改善を提起したものであり、実践と理論との結合、教職の専門性の追求と、そのような教育の工夫、開発を大学に期待している。そこには教員養成におけるプロフェッショナリズムの検討と構築が、あらためて求められていると言ってよいだろう。

このような課題の解決には、実践と理論との結合、専門と教職との共同が重要である。たとえば、教科教育法において、授業の事例研究が行なわれるとき、教科専門、教育方法、心理学の教員が共同で検討を行なうこと、生徒指導の事例研究において、実践者と生徒指導、カウンセリングの教員が共同で担当するといった試みが有効であり、またそのような共同や交流によって、実践研究が深まり、さらにそれぞれの理論も発展するのである。

これまでの教員養成においては、そのような研究、教育体制が未成熟であった。問題は専門と教職との単位の比率ではなく、実践の事例に即して専門と教職との関連に注目し、教科教育の質を高めて行くことが課題であり、大学においてすでにそのような試みをみることができる。

滋賀大学教育学部では、一九九四年度から、「授業の事例研究」(選択)を教職の複数教員で開講し、大学院に在籍する現職教員も参加して、教員養成と現職教育とを結合することにより論議を深めている。一九九八年度からは「教育実践研究」を必修科目として、三〇名程度のクラスを平行して開講し、事例研究を中心に教職・教科教育の教員、付属学校教員が共同で担当することになり、一年間にわたって準備のための研究会を続けている。[11] さらに進んで、専門科目の教員が参加することが期待されており、このような試みによって専門と教職の協力が具体化していくことが必要だろう。

一九九一年の大学設置基準の改定にともなう「カリキュラムの弾力化(「大綱化」)」以降、大学・学部におけるカリキュラムの改革が進められているが、教師教育においては、教職の専門性の形成、教育実践とその実践と関連する学問との統一が課題とされ、さらに教員養成の担当者である大学教員がどのように教師教育者としての内実をもっているのかが問われているのである。

三　現職教育の課題

1　現職教育の制度化

教員養成(preservice education)に対して、現職教育は、inservice education, onservice education とよばれている。

教師の専門性は、資格・免許によって認められるだけでなく、職業生活のなかで形成されていくものであり、現職教育は国際的にも重視されている。日本では臨時教育審議会以降、その制度化が進められてきた。

一九八六年四月の臨教審第二次答申では、学校教育の荒廃と教師に対する不信が強調され、改革の課題として「教員の資質向上」を求め、初任者研修制度の創設、現職研修の体系化が一九八九年から実施され、全国的に整備されている。

県の教育センターの研修・講座をみると、各県ともほぼ共通であり、①初任者研修から始まり、「経験年数に応じて、必要な基本的知識、技能、態度を養い、専門職としての資質能力の向上を図る」基本研修、②校長、教頭、教務主任など職務に応じての職務研修、③各教科など、学校教育の今日的課題、コンピュータなどをテーマとする専門講座からなっている。

たとえば滋賀県の場合、基本研修は一六講座、職務研修は一一講座、専門講座は六九講座からなっている。[12]

整然とした研修のシステムであり、それぞれのセンターで工夫が重ねられているが、現状において次のような問題点と課題をあげることができる。

第一は、多くの講座を限られた数の指導主事や職員が担当することにより、予定をこなすことで手一杯であり、内容的には講師まかせで終わるという状態がみられる。また担当者は人事において三年程度で交代し、現職教育、教師教育の専門家として育ちにくいことも問題である。

第二に、専門研修は希望によって申し込む形式をとり、実習や臨床的な講座は好評であるが、基本研修、職務研修は義務的性格が強く、多人数の講義形式が多い。また多くの県では中央のセンターのみで行なわれ、身近に利用できない状態である。義務的な研修から、自主的な、それぞれの必要にもとづく研究を多くしていくこと、県内にいくつかのセンターが分布して、利用しやすい条件ができることが必要だろう。

第三は、研修の形態において、講義や講習を中心とするのではなく、事例研究をとりいれることが必要である。授業、生徒指導の事例研究から、校長や教頭による学校経営の事例研究などが、小規模な、実践の検討を主とする研究会となり、実践の交流が活発になることがのぞましい。

多種類の研修のなかで、初任者研修は、現職教育のなかでもとくに重点的な施策とされてきた。ユネスコの勧告では、初任者の仕事は、教員のそれ以後の経歴に決定的な影響を与えるものとして重視されている。稲垣他による教師のライフコース研究[13]においても、最初の赴任校での経験が重要とされ、そこでの先輩や同僚の影響が大きいとされている。

現行の方式は、在勤校研修、教育センター研修、市町村教育委員会研修、宿泊研修からなり、校内では指導教員を中心とする指導、助言が行なわれている。

初任者研修を経験した教師、指導教員の聞き取りから、いくつかの課題をあげておこう。

現状では、初任者研修は一年間に限定されて集中的に研修が行なわれているが、初任校在籍の三年間程度の幅でとらえるのが自然である。一年目は在任校での経験を重視し、同僚や先輩からまなぶことに重点をおくといい。そのような経験をもつことによって、センターなど、校外での研修が生かされていくだろう。

初任者の勤務校としては、一学年が複数の学校が望ましい。同じ学年に先輩がいて実践や学校生活で生起する具体的な問題にそくして相談相手になれるといい。

指導教員は教諭のなかからえらぶのが望ましい。退職者が起用されている例が多いが、学校全体による協力、援助が重要であり、指導教員はそのオーガナイザーとしての役割が大切である。

以上は、初任者研修が制度化される以前に、多くの学校で慣行としてインフォーマルに行なわれていたことである。制度化されることによって自然さと、指導の具体性が失われてはいないだろうか[14]。

指導教員の聞き取りでは、さまざまな工夫をきくことができた。その一例を紹介しよう。

二人の初任者を担当し、研究主任を兼ねている例であるが、一学期の在勤校研修のプログラムはつぎのような内容である。

五月	九日	指導教員の授業(四年　道徳)と検討
	一三日	初任者Aの授業(四年　国語)と検討
	一六日	同僚教員の授業(四年　国語)と検討
	一九日	学級経営と日常の悩み
	二七日	同上
	三〇日	初任者Bの授業(五年　算数)と検討
		初任者Aの授業(四年　算数)と検討
六月	六日	同僚教員の授業(四年　算数)と検討
	一三日	同僚教員の授業(四年　音楽)と検討
	一六日	授業における児童理解について
	一七日	初任者Aの授業(四年　算数)と検討
		初任者Bの授業(五年　社会科)と検討
	二四日	初任者Aの授業(四年　体育)と検討
七月	四日	同僚教員の授業(四年　社会科)と検討
	八日	初任者Aの授業(四年　算数)と検討
	一一日	同僚教員の授業(六年　社会科)と検討
	一五日	初任者Bの授業(五年　算数)と検討
	一七日	①教育評価と通知票　②夏休みの過ごし方
	二二日	初任者Bの授業(五年　道徳)と検討

この指導の特徴をあげると、第一に、指導教員だけでなく、学校全体の協力、援助によって進められ、同僚教員が適時に初任者に授業を公開している。第二に、初任者が当面する問題を、その時々に応じてとりあげ相談にのっている。第三に、初任者、指導教員、同僚教員の授業にもとづいて事例研究が行われ、その検討を通して、授業のなかでの子どもを見る目が育ち、初任者は教材研究の重要性に気づいている。指導教員は、相談相手であり、学校全体が支援するためのオーガナイザーの役割を果たしている。このような初任者への援助は、制度の成立以前に自然な形で行なわれていた。とくに同学年の先輩の教師がその役割を果たしていた場合が多かった。

指導教員、学校全体による初任者の指導は、学校としての重要な実践であり、その工夫が交流されることが必要だろう。伝統として行なわれていた自然な、具体性をもった援助を生かしていくことが必要である。それはプロフェッショナル・ディベロップメントの重要な機会であり、また指導教員や同僚教師にとっても教師としての成長の機会なのである。

2 校内研修の改革

校内で行なわれる授業研究、教科会や学年会での研究は、現職教育において最も重要な研究の機会である。

授業研究はすでに明治初年の学校の創設期から行なわれていた。一八八三(明治一六)年に刊行され、広く教師に読まれた若林虎三郎・白井毅『改正教授術』では「教授ノ主義」「疑問ノ心得」「方法書ノ必須」に続いて授業研究における「批評ノ諸点」が上げられ、題目、方法、教師、生徒について注目すべき点が示されている。明治三〇年代には授業批評会が学校において定着している。この時期は教育勅語によって教育の目的が定められ、教則・教授細目によって教育内容が決められ、国定の教科書により、授業の方法もヘルバルト主義にもとづく形式的段階によって手続き化し、授業批評会も所定の観点にもとづく批評であり、形式化したものであった[15]。形式化した授業研究を変えて行く努力もたどることができ、それは今日もつづいているが、形式的な研修は今なおひろく存在している。とくに一九五八年の学習指導要領の改訂以降、教科内容の規定が強化され、学習指導要領、教科書への依存がつよまり、さらに一九七〇年代には科学的・工学的な授業観にもとづく方法研究が広まり、目的―内容―方法が手続き化された。授業研究においても、学校としての研究テーマがきめられ、指導過程がきめられ、授業をみる視点もきめられるなど研修の形式化がみとめられる。

科学的な研究への志向は一九六〇年前後から強まり、研究者による授業研究が、米国やソビエト、東欧の教授理論や研究の影響をうけて活発に進められた。さらに教育工学の導入、研究における技術的合理性、効率性への志向のもとで普及し、この時期に、県の教育センターに教育工学的研究手法がとりいれられ、この傾向を促進した。

このような研修に対して、複合的な実践の事実を多面的に考察し、教師の成長を志向する実践検討会や、授業の臨床的研究、事例研究が試みられ、一九八〇年代には教師教育の方法として重視されてきている。

授業の臨床的研究、事例研究を、ここでは授業という個別的・具体的な実践にもとづきながら、主体的な省察と反省によって判断、選択の力を鍛え、高めて行くことを目的とする、教師教育と結びついた授業研究の方法としてとらえよう。授業という複合的な事実を、科学的という名分のもとで、特定の視点によって還元的に分析し、手続き化するのではなく、その全体性においてとらえ、実践と理論との結合を求める方法である。

我が国では、学校における授業の事例にそくしての研究の歴史は長い。その伝統を受け継ぎ、どのように自律的な研究にしていくかが課題となるだろう。(16)

3　現職教育としての大学院

現職教育の機会として、これから重要な位置を占めるものとして教育大学系大学院に注目したい。一九六六年に東京学芸大学、六八年に大阪教育大学に修士課程が設置されている。その目的は「理論と応用の研究能力および教育実践の場における教育研究の推進者となる能力を養う」こととされている。一九七九年に大学院設置の基本方針と審査内規が定められ、それ以後修士課程の設置が進み、現在ではすべての国立の教育大学・学部に修士課程がおかれ、東京学芸大学、兵庫教育大学には博士課程が設置されている。修士課程には多くの現職教員の院生が学んでいる。それをどのように意味づけ、その機会を生かしていくかは、これからの現職教育にとって重要である。

大学院の目的は、教職経験にもとづいて、教育の理論的研究を行なうことであり、たとえば「広い視野に立って精深な学識を授け、学校教育に関する諸科学の総合的・専門的研究を通して、その理論と方法の研究能力及び教育実践の場における教育研究の推進者となりうる能力を養い、初等中等教育教員としての高度の資質と力量の涵養を図ること」(『鳴門教育大学大学院案内』)と表現されている。

鳴門教育大学の心理学の教員である三宮真智子は、一九九五年日本教育心理学会総会の自主シンポジウムにおいて、現職教員への指導の目的として、①見かけに惑わされず問題の本質を見抜く力をつける、本当の問題解決へ、②事象を多面的にとらえる力をつける、複数の視点から判断する、③自分の認知を対象化する、生涯学習者への道の三点をあげている[17]。大学院での教育は、現在の学校において実践者が陥りがちな、経験の現象的な把握、問題へのマニュアル的な対応、一面的な把握、主観的な判断を問い直し、研究的な力量を高める機会と考えて指導に当たられている。そこでは心理学の学説を知識として授けるのではなく、学生がそれぞれの経験にもとづき、それを問い直しつつ、理論と方法を学ぶための指導が目的とされている。

「新しい学力観」「個性」「生きる力」といった言葉が内発的な研究の主題としてではなく、外側から要請される課題として、教育界の通説として用いられることが多い。実践者がそれらを自分の実践に即して、研究課題とすることが重要だろう。それは実践者の研究者としての成長である。

それはまた、教師の教師教育者としての自己形成の機会でもあることを重視したい。教師教育者とは、教師教育にあたる者であるが、それは教員養成大学の教員に留まらず、現職教育機関の指導主事などの担当者、学校における初任者教育の担当者、さらには学校の研究主任などをふくめている。

戦前においては、師範学校の卒業者が師範付属や小学校の訓導となり、高等師範や文部省中等教員検定試験（通称「文検」）をへて師範教諭として教員養成にあたることにより、実践の経験をもとにした教員養成や、実践と理論とのつながりが保たれていた。このような教師教育者の養成ルートが戦後の大学昇格とその人事の審査によって失われた。近年大学院の設置にともない、教科教育などにおいて、実践経験をもつ教員がふえているが、その比率はまだ低いのである。

大学院は現職の経験をベースとして、教育実践における研究課題を取りあげ、学問的な考察により研究者として成長する場になる。それは学校における実践研究の中心となる教師を育てることによって、校内研修の質を変えていくことになるだろう。教員養成と、現職教育における教師教育者の形成は今日の重要な課題であり、大学院はその重要な役割を担うものである。そのような目標のもとに、大学院での教育、研究の再検討が求められている。

現在の研究者と実践者との間の溝、研究者養成と教員養成との溝は歴史的・制度的なものである。現場からの研究者形成が充実し、その経験と研究が教師教育に生かされていくことが必要であり、それとともに、研究者が実践者との共同によって従来の教育学研究の質を変えていくことが重要だろう。それはとりわけ教育実践研究の領域において求められる。そのような共同が実質化されることなく、教育大学での博士課程設置が従来の研究者意識のままで急がれるならば、実践と研究との溝をかえって深めるのではないかという懸念も抱くのである。

四　おわりに

1　生涯学習としての教師教育

教師教育を、教員養成と現職教育を通して連続的にとらえること、さらに教師のライフコース、生涯学習としてとらえることが重要である。四〇年近くにわたる教職キャリアにおいて、初任期、中堅期、リーダーとしての役割を果たす時期などと、それぞれのステージでの教師の成長が求められる。それは市民として、生活者としての成長とも不離のものであり、家庭でのキャリアが子どもへの理解をひろげ、また自分や家族の病気の体験が子どもや同僚へのまなざし、理解を変えていくといった経験も教師の成長を支えていることに注目する必要があるだろう。

現在の教員研修制度は教職のキャリアに対応して整備されていると言ってよい。しかしそれは制度化されたレベルでの整備であり、その内容において、形式的な講習ではなく、個別的な問題に対応しうる柔軟な研修機会がもてるような工夫や、研修のための時間的なゆとりが求められる。そして、義務的な研修から、それぞれのニーズに対応しうる機会や援助の態勢に変換していくことが望ましい。かつてたずねた英国のティーチャーズ・センターの主任が、「ここは自分を変えようとする教師を援助するところです」と語った言葉と、授業をおえてそこに集まり、それぞれに研究や実習をしていた教師たちの姿を思い出すのである。

2　教師教育者への注目

教師教育者（teacher educator）を、ここでは教師の成長の各段階において、成長を援助し、促進する人々として、広くとらえておきたい。

第一にあげられるのは教員養成にあたる教員であるが、すでに述べたように、その実質が今日厳しく問われている。実践者の養成において、何が必要か、そのための教育体制はどうあるべきか、自らの教育と研究の吟味が求められている。

第二は、県の教育センターや教育委員会の指導主事など、制度化された現職教育の担当者である。教育センターでは、制度の実施と多くのコースの運営に忙殺されているのが実態であり、学校における指導主事の指導も形式的なものが多い。それぞれにおいて、教師教育の担当者としての実践の吟味が求められ、その指導の評価、開発と相互の検討が必要とされるだろう。それは初任者の指導者においても同様である。

第三は、校長、教頭、研究主任など、校内におけるリーダーの役割である。教職の先輩として、実践者としての経験にもとづき、教師教育者としての役割が求められる。

以上は、フォーマルな教師教育の場合であるが、学校において、また学校外の研究会においてインフォーマルな形での援助が教師の成長をささえている場合が少なくない。また、学校において同僚として相互に触発し合い、学び合う関係が存在するとき、それは重要な教師教育であり、相互に教師教育者であるといえるだろう。そのような同僚関係は、日本の学校や研究会には伝統として存在していたのである。研修が制度化されることによって、自然な、具体性をもった共同性、同僚性、切磋琢磨が希薄になっているのであり、フォーマル、インフォーマルな教師教育がバランスをもって機能することが必要である。

3　教育研究の見直し

戦後、教育学研究は盛んになった。大学での教員養成に多くの教員の需要があり、研究者の数も増加し、また、多くの学会が組織された。しかし、その研究において、実践と研究との結合にどのような発展があり、教育実践研究がどのように深まり、教職の専門性を高めることに貢献したのだろうか。医学において臨床と基礎との関連が重視され、専門性の意味と倫理が問われてきたような発展は認められるだろうか。

戦後改革における師範教育に対する批判は、そこに存在していた実践とのつながりや教育的経験を軽視することになり、それを研究として深め、豊かにすることが見失われてきた。教育研究の科学性を高めようとする努力が、かえって実践から離れ、とくに教育の実践における複合性をとらえ、それについての考察を深めていくことを弱めてきた。また教師教育の担当者の多くが実践の経験をもたず、それぞれの専門を知識として講義するという傾向も広く存在している。その反省にもとづき、教育実践研究が教育研究の中心として捉えられるようになってきたのは近年のことである。近年の教育学部の改革において、教育実践研究、臨床的教育研究が重視されてきている。教師教育を課題とする教育研究の発展のために、研究者による教育学研究の質の見直しと、実践者の研究者としての成長、そして両者の共同が求められるのであり、その可能性を現職教育としての大学院に期待することができる。

4 魅力ある職業として

以上では教師教育の現状において、教育方法と教師教育の立場から、どのような問題があるのか、それを変えていくための課題は何かをとりあげた。

一九九六年のユネスコの勧告の第一は、教員の採用を取り上げ、「最も能力ある若者を教職にひきつけること」を課題としている。そのために、優れた教師と出会う機会、教師の顕彰、学校の公開、学校の革新的な実践の報告などにより教職の重要性を理解させることをあげている。

現在の日本において、教職はそのような魅力をもち得ているだろうか。そのような魅力をもつ実践が学校や教師によって試みられてはいるが、他方では学校への批判や、子ども自身による登校の拒否が存在している。

また現在、教師教育における問題として、少子化にともなって教員採用が激減し、さらに教員養成課程が急激に縮小されている。教員採用の縮小は教職志望者の意欲を失わせ、学校での新しい後継者が少なくなって人事構成に歪みをもたらし、学校の活気が失われて行くという問題をもたらしている。どのようにして、教職を勧告のいう魅力ある仕事にしていくかは、教育関係者のみでなく、より広く社会的な課題といえるだろう。

（1）稲垣忠彦「教育実践の構造と教師の役割」『岩波講座　現代教育学』第一八巻「教師」岩波書店、一九六一年。同「教職の専門性」『教育の探求――この未知なるもの』ぎょうせい、一九九〇年。
（2）UNESCO・ILO, *Recommendation concerning the Status of Teachers*, 1966.
（3）*Draft Declaration of the forty-fifth Session of the International Conference on Education*, 1996.
（4）星野一正『医療の倫理』岩波新書、一九九一年。
（5）稲垣忠彦・河合隼雄・佐藤学他編『シリーズ授業――実践の批評と創造』全一一巻、岩波書店、一九九一―九三年。J. Shulman, *Case Method in Teacher Education*, 1992, Teacher College Press, Columbia University.
（6）Professional Development School は、単に大学の研究のための実験学校、模範学校、臨床的実習の施設ではなく、それらすべての目的を含みつつ、初任教師が成長し、経験をもった教師が成長し続け、専門性を研究し、開発する学校とされている。佐藤学「ホームズ・グループ「教職専門開発学校」の展開」『教師というアポリア――反省的実践へ』世織書房、一九九七年。

（7） National Board for Professional Teaching Standards, *What Teachers Should Know And Able To Do*. 1994.

（8） 山田昇『戦後日本教育養成史研究』風間書房、一九九三年。

（9） 海後宗臣「教員養成制度の改革」海後編『戦後日本の教育改革Ⅰ』東京大学出版会、一九七五年。

（10） 文部省教育職員養成審議会「新たな時代に向けた教員養成の改善方策について」（第一次答申）一九九七年七月。

（11） 大田勝司・中井憲照・堀江伸他「新科目「教育実践研究」の開発と構想――教師教育に実践性と共同性を求めて」『滋賀大学教育学部紀要』一九九八年三月。

（12） 滋賀県総合教育センター『平成九年度研修事業案内』。

（13） 稲垣忠彦編『教師のライフコース――昭和史を教師として生きて』東京大学出版会、一九八八年。

（14） 指導教員である小林完氏（長野県飯田市丸山小学校教諭）からの聞き取りと「校内研修記録」による。

（15） 稲垣忠彦『明治教授理論史研究――公教育教授定型の形成』評論社、一九六六年。稲垣忠彦・佐藤学『授業研究入門』岩波書店、一九九六年。

（16） 稲垣忠彦編『教師の教育研究』ぎょうせい、一九九三年。稲垣忠彦・吉村敏之編『授業をつくる1―3』ぎょうせい、一九九三―九四年。

（17） 三宮真智子「現職教師のための修士課程のあり方を考える」日本教育心理学会『教育心理学フォーラム・レポート FR-96-004 教師を育てるということ』一九九六年。

『岩波講座　現代の教育　第六巻　教師像の再構築』（一九九八年五月）

7　いま、校長に求められるもの

一　校長像の変化―戦後教育史の中で―

いま、校長に求められるものは何かを考えるとき、まわり道のようだが戦後教育史の中での校長像の変化をとらえることが必要だと思う。

四〇年ちかく前、大学院の学生だったとき、修士論文の調査で長野県の先生方六四名を訪ね、教育実践についての意識とその形成過程をインタビューによって調べたことがある。五〇校近い学校を訪ねた。校長は、調査の対象ではなかったが、ほとんどの学校で校長にお会いし、しばしば話しこんだ思い出がある。

学校を単位としてカリキュラムが自主的につくられ、社会科を中心とする単元学習がひろく実践されていた時期であった。校長の話には、地域の調査にもとづき、学校が一丸となってどのようにカリキュラムをつくり、実践をすすめてきたかの思い出がしばしば登場した。今日と比べて、校長は学校に腰をすえ、学校におけるリーダーであり、家父長的な性格をもちつつも、職場のリーダーとしての安定感を感じさせていた。

　今日、校長は多忙である。校長室の日程表には校外での多くの会議予定が記入されている。学校に腰をすえたリーダーというよりは、極端にいえばビューロクラシィの系列に位置づけられた、行政機構との連絡係の性格をつよめ、校務は教頭が中心となっているという印象をうけることが多い。

　四〇年前からの変化をもたらしたものといえば、昭和三〇年代以降の学校の変化をあげなければならない。戦後教育改革に逆行する教育政策の進行のもとで、学校は文部省と教職員組合との対立の最前線となった。その対立において、もっとも苦しい立場にたたされたのは校長であった。学校という場は、本来、子どもの成長を目的とする実践の場であり、そのような目的のもとに教職員の協力が求められ、校長はその中心である。その目的が、文部行政の「管理のため」、組合の「管理への抵抗のため」の要請による対立のもとで、またイデオロギー的対立のもとで、本来の目的、優先されるべき価値が見失われていった経緯があり、職場での対立は、校長の学校における実践的リーダーシップを弱め、リーダーとしての自信を失わせ、結果として官僚主義的性格を強めていったといえる。そしてその後遺症は、今日もなお認められるのである。

　右の変化は、巨視的には「鉄のカーテン」に象徴される、戦後の国際的な冷戦構造の成立を背景とする政治的な要因によってもたらされたものであった。ベルリンの壁はくずれ、ソビエトも解体し、東西の冷戦構造は大きく変化した。しかし、冷戦構造のもとでつくり出された学校の体制、そして校長の位置はどうなっているのだろうか。実践を中心とし、校長が実践のリーダーとしての権威と自信をもちうる学校の体制がつくられようとしているだろうか。戦後史をふりかえることによって、校長の本来の役割は何かを改めて問うことが現在求められていると思うのである。

二　校長の役割

校長の本来の役割は何かを考えるとき、思いうかべるのは英国で出会った校長＝ヘッド・ティーチャーの姿である。一九七五、八二、八九年と三度にわたる調査で四〇校近くの学校を訪ねた。英国において、校長は文字どおり教師のヘッドであり、実践者としての性格が強い。子どもに接し、子どもの様子を把握していることが学校の責任者である校長の第一の役割であり、学校の規模もそれを可能とするサイズである。外部に対しても、教師の代表、実践者の代表であった。それは、一九八八年の教育改革法以後の訪問においても、学校をめぐる状況のちがいはあれ、認められる特質であった。

印象に残った役割の第一は、カリキュラムについての責任であり、教師が独自に編成するカリキュラムのバランスに配慮し、学校全体のカリキュラムにについても教師の相談相手となり、助言を行っていた。また、子どもの学習の実態を知るために、校長室にクラスの子ども全員の学習ファイルをもちこみ、それをとおして、子どもの学習の実態をとらえ、教師に対する助言を行っている校長が少なくなかった。

第二は、校長と教師のコミュニケーションである。英国のスタッフ・ルームは、たいていの場合、広い部屋に椅子が円型におかれている。休み時間には、教師はそこでお茶をのみ歓談しているが、校長もそれに加わり、インフォーマルなかたちで、教師の相談にのり、助言をしていた。とくに、新任の教師に対する援助は校長の重要な役割であり、教師の先輩として指導が行われていた。

第三は、学校外に対する対応である。公立の学校には、学校理事会がある。親、市、コミュニティの代表等からなる理事会に対して、校長は、学校の教育目標、カリキュラム、人事、実践の方針と実態について報告し、質問にこたえていく。行政機関に対する責任ではなく、父母や地域に対して、学校を代表して答えるのであり、学校理事会が学校の実践に対する理解を深める場となっていた。

以上は、いずれも実践を中心とする校長の役割である。一九八八年の改革で、校長の管理的な役割が増し、ナショナル・カリキュラムが導入されているが、以上のような校長の役割は持続していた。

英国の例からはじめたのだが、日本の学校でも、実践者としての校長の姿を発見し、救われる気持ちになることがある。

十数年来、多くの学校で授業研究会に参加している。「授業のカンファレンス（臨床研究会）」と呼んでいるのだが、全員で授業をみて、それを中心に検討を行い、参加者がそれぞれに専門的力量を深めていくことを目的とする授業の事例研究である。その場では、校長も、養護の先生も、すべて対等な立場で参加し、校長も一人の実践者として発言するのであるが、「一人の実践者して」発言することによって、その校長の実践的経験や見識が示され、それによって校長に対する認識が改められることがある。なかには、自分から、授業者となることを名乗り出られる場合もあった。

新任教師への指導も、実践者しての校長の姿がうかびあがる場であった。プロフェッションの先輩として助言し、一緒に教材研究をし、自分で授業をやってみせる校長の姿である。私の経験では初任者研修が制度化される以前には、このような校長の姿に接することが多かったように思う。

また、若い先生の意欲的、ときには冒険的な実践をはげまし、「思いきったことをやれ、自分が責任をもつ」といった姿勢をもつ校長は、尋ねてみると自分自身がかつてそのような実践の経験をもたれているという場合が多かった。

これらは、校長の、実践者としての、実践のリーダーとしての顔である。そのような側面がより多く具体的に示されることによって、学校での校長の位置は変わっていくだろう。冷戦構造のもとでつくられてきた学校内の対立、官僚的形式主義の払拭には、文部行政をはじめとする行政の質的変化を必要とするものだが、それとともに、校内において実践者としての校長の姿が示されることによって克服の可能性をもつのである。

三　一九〇八年の「校長論」

一九〇八年、当時文部官僚であり、のちに私立成城小学校を創設し、日本の学校教育の改造を志した沢柳政太郎の『校長論』が刊行されている。

沢柳は、校長は「一学校の中心」であり、「学校の総ての働きの原動力」であり、「教師の研究上の活動の中心」であり、「生徒の指導者の先導者」であるとし、その仕事は、困難である教育という仕事の中で「最も困難なもの」とのべている。その困難の理由として、官吏や、船長と船員の関係とは異なって、教員の責任は平等であり、上下の関係、命令指揮関係はなく、「各々自ら任じている所の教員を校長は統率することが求められている」とし、それは、職権による統率ではなく、学識、人格、徳望に基づくものとしている。

学校という場の特質としては、「学校では理屈を禁ずることは出来ない。教師でも、生徒でも条理のあることは主張することが出来る。学校外のものでも、即ち父兄でも有志者でも条理は之を主張することが出来る。学校は道理の支配する所であるから仕方がない。否当然である。条理ばかりではない。徳義を主とする所であるから、学校長は監督官庁に対して責任があるといって居られない」とのべている。学校は官僚主義や管理の論理の支配する場ではなく、条理と徳義の場であるとしているのである。

校長の役割としては、学校活動の統一者として、「各教員の特長を発揮せしめ」つつ調和をはかること、「教師を鼓舞奨励し」相談相手となり、研究をうながし、教授法を批評しその工夫をうながすこと、授業については、授業を視察し、忠告を与え、若しくは相談相手となって教授の進歩を図り、「各学科の聯絡」を図ること等をあげている。それはまさにヘッド・ティーチャーとしての校長像である。

今日の学校や校長の状況を考えるとき、この「校長論」は、新鮮であり、時代と状況の変化をこえて、学校という場、そこでの校長の役割において考えるべき基本の課題を示しているといえるだろう。それは、単に校長の反省を求めるだけではなく、学校を構成する教職員、組合、行政者、父母においても問われるべき問題であり、学校という場を子どもの成長を目的とする条理の場とすること、管理主義からの脱脚が共通の課題とされるのである。そしてそのために、実践者としての校長の回復が求められていると思うのである。

四　二つのこと

おわりに、校長に、またこれから校長になる人に対する期待を記しておきたい。

第一は、校長の役割、とりわけ「実践者としての校長」の役割を歴史的視野のもとでとらえ、現状をふりかえることである。戦後における政治的な変動の影響を強くうけた校長像の変化、さらに、明治以降の日本の学校と校長のおかれた位置の変化、そして、その中で、学校と校長の本来のあり方を問いつづけた沢柳政太郎等先人の校長論、そして数多くの校長の実践の歩みをふりかえり、それらに基づいて、今日の学校の改造、校長の役割を考えることである。

一九九三年から、『叢書　日本の教師』（稲垣、中野光、寺崎昌男他編　全二四巻　ぎょうせい）の刊行がはじまっている。日本の教師の、明治五年の「学制」以降一二〇年間の実践と経験の歩みを、教師自身の記録によってあとづけ、今日の実践への手掛かりを提供することを目的としたシリーズであり、六年余の準備をへて現在刊行中である。「子どもの発見・子どもを見る目」「障害をおう子どもに学ぶ」「学級づくり」等テーマ別の巻編成であるが、実践者としての校長の経験に関連する巻としては、「校長として、リーダーとして」「学校づくり」「学校行事の創造」「カリキュラムをつくる」「授業をつくる」等があげられる。そこに示される多様な実践の試みと、先人の歩みが今日にうけつがれ、今日の状況のもとで新たな実践の創造の手掛かりとなることを願っている。

第二に、現在の教師の年齢構成からみると、今後、校長や管理職の急速な若がえりがすすんでいく。

十年、十数年にわたって管理職を務める層がふえていくだろう。この期間を、どのような校長として、リーダーとして生きるかが問われることになる。ヘッド・ティーチャーとして、実践者マインドをもって学校の実践の中核となるか、官僚的行政システムの中で、管理者マインドの校長として、十数年を送るかは重要な岐路ではないだろうか。子どもを中心に、子どもととりくんできた実践者としての自己のアイデンティティを失わず、教師をはげまし、一緒に実践の研究を行う校長が増加することによって、今日求められている学校の変化、教育の変化は可能になるだろう。

そして、なによりも、管理のベテランとして校長の任期をおくることは、教育という仕事を志した初心において、空しいことではないかと考えるのである。

『悠』(ぎょうせい、一九九四年五月)

第二部　実践者から学んだこと——解説・解題から——

1　室田明美『教育の窓を開けませんか』（国土社）

室田さんに初めて会ったのは一八年前のことになる。東京大学教育学部で、東大の定年まで二六年間つづけていた実践者との小さな研究会「第三土曜の会」に、学生だった室田さんが、教師である兄さんに誘われて参加されたのが最初だった。

つきつめたような表情で、実践報告をきいていた様子が記憶にある。寡黙であったが発言を求められると自分の意見をはっきりと、直截に表現されていた。教職を志望しながら、自分の世界と現実の学校の世界とのギャップに悩み、それをどのようにこえていくかを模索しているといった様子があった。

教職についてからも参加はつづいた。その参加には特徴があった。毎回つづけての出席ではなく間欠的であり、しばらく姿をみせなかったあとで、実践の報告をもって現れた。今にしてたどると、実践の壁や職場での軋轢に悩んでいる時期には現れず、その壁や問題を自分なりにのりこえたときに、実践をもって参加するというサイクルであった。そしてその報告は室田さんの脱皮の節目であったように思う。

例えば教職二年目の「スイミー」（二年生）の実践である。縦三メートル、横四メートルの共同制作の画面に、子どもたちの、海と魚たちのイメージがいきいきと表現され、絵をとおして、子どもと楽しみながら「スイミー」を読み、子どもの表現をひきだし援助していく室田さんの指導と学級づくりの様子がうかがえた。

七年目の鯉のぼりづくり（二年生）も印象にのこっている。ひとりひとりが、染色で一メートルあまりの自分の鯉のぼりをつくる。それは二年の他のクラスにも波及する。一〇〇余人の鯉が、校舎の屋上と校庭のフェンスに張られた綱にひるがえる。同僚との協力をふくむ実践であった。

本書は、一四年目の実践である。その中心をなす「子どものつぶやきを聞く」「子どもの興味をいかした本作り」は、それまでの室田さんの実践と比べて大きく変化したものであった。大学で専攻した美術、染色を武器として、子どもをはげまして援助していく、どちらかといえば室田さんが中心に位置する実践から、子どものひとりひとりの個性と成長が中心にある実践への変化であり、そこには室田さんの子どもの発見、教師としての開眼をみることができる。

その経過は自然である。四年生を受け持って、親の期待や将来の受験を意識し、学習の習慣をつけることを目的として、読み・書き・計算の家庭学習のプリントをつくり宿題とする。学習はパターン化し、チェックする教師の仕事も形式化する。そこにはひとりひとりの子どもが見えるべくもない。変化のきっかけは、プリントに窓＝「自由コーナー」をあけたことだった。そこにあらわれる子どもの関心、生活、つぶやきと、室田さんとの対話がはじまる。子どもの文章や絵に、毎日コメントとエールをおくる。それは「子どもの表現」にこたえる「教師の表現」であり、真正のコミュニケーションである。「自由コーナー」の対話は、さらに「本づくり」という大きな課題に発展する。

第三土曜の会での報告で見た子どもたちの本は、一冊一冊楽しいものであった。「のらねこの生き方」

「シャーロック・ホームズについて」「ベートーベン」「うまれつき」等々。ひとりひとりの子どもにとって重要な意味のあるテーマであり、それらの観察や研究、記録をとおして、子どもたちは、学校や教科書の枠をこえて、生態学、文学、音楽、社会、生活の研究や考察をおこなっていた。多様なテーマの自作の本を、子どもたちは相互に読みあうことによって、ひとりひとりへの理解を深め、さらに学級通信や発表会によって、父母も含めた共有の財産となる。子どもたちの本は、それぞれお母さんの手による「しぼり染」でカバーされていた。

小さな窓は、子どもが開かれていく窓であるだけでなく、室田さんもそこから学び、開かれていった窓であった。「教育の窓を開けませんか」というタイトルには、「窓を開けることによって、教育の仕事が、子どもと学ぶという仕事がこんなに楽しくなりました」という言葉が続くのだろう。この実践は英国の小学校の「トピック学習」、シュタイナー学校の「エポック」、フレネ教育の「自由勉強」に通底する実践であり、室田さんはこの実践をとおして、峰地光重、野村芳兵衛等、生活綴方をとおして子どもを広く自然や文化につなげていった先人の仕事が身近になったと話していた。小さな窓は子どもを開き今日の学校教育の閉塞を開くとともに、教師である室田さん自身を開く窓であった。この実践をへて、室田さんは若くなったという感じをうける。

（一九九四年三月）

2　石井順治・牛山栄世・前島正俊『教師が壁をこえるとき』（岩波書店）

（一）

三人の記録を読む。それぞれに教師である自分を変えてきた記録であり、日々の実践と生活の中で、子どもとの出会い、先輩や同僚である教師との出会い、そしてさまざまな出来事をとおして、自分を変えてきた軌跡である。

「学校を変える」、「授業を変える」は、今日の教育界にひろく流布している言葉である。「授業を変える」は、一九八九年の学習指導要領の改訂以後、画一的授業、知識重視の授業から、個性重視、思考力・創造力・自己教育力育成の授業への変化として、「新しい学力観」のスローガンによって、ひろく現場に流布してきた言葉であり、「学校を変える」は、現在の第一五期中央教育審議会の教育改革論において主題とされ、それは「明治以来の学校の画期的な制度改革の一環」であるとされ、また、経済同友会の改革提言のように、「学校から『合校』へ」と、教育のシステムをおおきく改変していく構想も示されている。

「授業を変える」、「学校を変える」というとき、その鍵となるのは「教師が変わる」ことである。学習指導要領の改訂による変化、教育制度の改革による変化など、外側から学校にたいして変化がもとめられているが、それは「教師が変わる」ことと結びつくことによって可能となるのであり、「学校が変わる」、「授業が変わる」ための根幹は「教師が変わる」ことであるといってよいだろう。

学校、授業の変化が、国や文部省、経済界など外側から、上からもとめられてきたのが明治以来の教育改革の形式であった。「明治以来の画期的な改革」というとき、そのような形式自体の変化がもとめられるのであり、そこに今日の改革の課題があるのである。三つの記録は、教師が自らを変えていった歩みを記す事において、改革の中核的な契機をしめしている。

一九四一年生まれの前島さん、一九四三年生まれの石井さんと牛山さんは、戦時中に生まれ、一九六〇年代に教職につき、四半世紀余の教師生活をへて、現在、校長、教頭をされている。三人の記録は共通の時代経験をもつ一つの世代の歩みである。そしてそれらの歩みは、一人ひとりが歩んできた固有の、個性的な軌跡であるとともに、時代経験を共有し、教育という共通の仕事に打ちこんできたことからくる共通性を示している。

（二）

三つの記録に共通するもの、その第一は、教師が変わる契機としての子どもとの出会い、子どもの発見である。

牛山さんは、教師になって八年目に、はじめて一年生を担任する。そこで出会った多様な子どもたち。それは牛山さんにとって「大変な抵抗」であり、「それまでやってきた『教える』ということが、足許からくずれていく」という思いを体験する。「ひとりひとりが、頑としてひとりひとり」であり、その子どもたちを「多様なまま受け入れるなど思いもよらぬことだった」という。これまで担任してきた高学年の子は、「所詮私に付き合ってくれたに過ぎない。私は、付き合ってくれている彼らの背にまたがる騎手に過ぎなかったのかもしれない」と思う。

そのような出会いから、牛山さんは自分を変えていく。「もっぱら『ことば』で子どもを動かし、分からせようとしている自分と、『からだ』で応え、分かろうとしている子ども」の違いを思い知らされ、教室の居苦しさに疲れて、逃れるように子どもと野に出る。そして野に遊ぶ子どもの姿から、教室では見られない「乗り気で、自然で、行動的」な子どもを発見する。

時期としてはすこし後のことになるが、牛山さんの記録の冒頭に記されたエピソード。ふとしたきっかけから教室にもちこまれたヤドカリと子どもとの出会いは、ヤドカリとの関わりにおいて子どもを発見する手掛かりとなる。「ヤドカリで遊ぶ」、「ヤドカリと遊ぶ」、「ヤドカリになる」という子どもの遊び＝学びの変化の発見は、牛山さんの教材・教科の考え方を変えていく。理科の研究会のエピソード。「あたかも理科の『顔』を立てるために、子どものあるがままに取り合わない」議論、「理科という枠組みへの囚われが、子どもの事実を見ようとさせず、あるがままを受け入れさせない」姿勢、そしてそのような理科を教えることへの疑問が生まれてくる。子どもの発見は、牛山さんの子ども観を変え、教科観を変え、教育観を変え、この記録のタイトルとされている「教師であることの発見」となる。ヤドカリは、牛山さんにとって、教師開眼の記念碑なのだろう。

石井さんは、授業のあとの子どもの感想文や日記を介しての子どもの発見を記している。坪田譲治の詩「コマ」の授業のあとで、授業中に一度も発言しなかった耕一君が、前の学校の親友の写真をやぶり、それは「自分の手に、坂やんが入ったと思うからだ」と記した感想文を読んで衝撃をうける。また、史守君が室生犀星の「靴下」の授業の後で、亡くなったお父さんを思い出したと感想を記し、さらに「おとうさんの死と作者」という文で、愛児を亡くした作者が、悲しみに耐えきれず煙草を嚙みしめて泣いたのにたいして、自分はお父さんが亡くなったときに泣かなかったとし、この詩を母に話したときに泣いたと記しているのを読んで、史守君の「泣く」という言葉との出会いの深さを知るのである。このような子どもとの出会いをとおして、子どものもつ力、授業の可能性を知り、「はじめて子どもから学ぶということを自覚」されるのである。

これは一つの子どもの発見であり、石井さんの変化である。そしてそれに続くもう一つの変化が記されている。それは、子どもの深い理解をめざす授業、「すごい授業」への憧れのもたらす陥せいであり、そのような授業づくりに燃えることによって、子どもとの距離がうまれ、子どもたちから背を向けられる。その経験から「感動的な事実の出る『すごい授業』」という結果に憧れ、子ども心によりそっていくという過程の大切さを見失っていた自分を反省していく。子どもとの共同作業としての授業、教室を子どもとともに学ぶ場とすることをめざし、それが新しい子どもの可能性の発見につながるのである。この過程は石井さんが、学校を同僚とともに学んでいく場としてとらえていく過程とむすびあっている。

前島さんの記録は、新任以来の三〇年間にわたるあゆみである。新任の頃、学級通信、班で交代に書く創作詩ノート、本の読み聞かせなど、子どもとの絆を強めるための努力をする。とくに作文をとおしての子どもの発見が記されている。一九六〇年代初めは、生活綴方、生活詩など、子どもの生活表現をとおして子どもの理解を深め、指導をすすめるという実践がひろくおこなわれ、学校にじっくりと子どもにとりくむという雰囲気があった時期だった。先輩の実践に学びながら前島さんも実践されたのだろう。また先輩のアドバイスに触発されて、「らくがき帳」と名付けられた実践ノートをつけはじめる（これはその後、教頭通信「らくがき」へと続いていく）。それは自分の実践をふりかえるための記録である。五年目からは、一つの節目として、自分なりの授業をつくることを目指して、積極的に授業を参観し、研究会に参加する。授業づくりのなかで、授業の反省をとおして、子どもの理解が深められていくのである。

初任期から現在にいたる前島さんの歩みは、中堅教師の時期、教頭の時期と、それぞれのステージでの変化を示しながら、長距離走を思わせる漸進的な子どもの理解、発見をしめしている。

三つの記録によって、子どもとの出会い、子どもの発見が教師を変えていること、そして教師が変わることによって、子どもが変わり、ともに学んでいく場と関係がつくりだされ、教育の新しい可能性が開けていることを共通の特長としてみた。そして、それぞれの子どもの発見に、一人ひとりの教師の個別的な体験、歴史、そして個性がうかびあがってくる。

前島さんの漸進的な歩みは、かつての駅伝の選手であった姿を想像させる。石井さんが、史守君の文に出会った時、それは幼い時に戦争でお父さんを亡くされたご自分の体験と重なり、その感動を深くされたことだろう。牛山さんが、はじめに一年生を「大変な抵抗」としてとらえ、そこから自分をかえていくプロセスは、牛山さん自身が子どもになっていく変化を思わせる。子どもとの出会いによって、牛山さんは自分の「子ども性」をよみがえらせ、子どもの立場になり、さらに子どもになって、子どもを発見していったのだと思う。

一人ひとりの個性的な出会い、発見をとおして、子どもと、子どもの発見の多様さと奥ゆきを感じさせられるのである。

（三）

三人の記録にみられるもう一つの共通点は、先輩や同僚の実践に学び、それを受け継ぎつつ、自分の実践をつくりだし、さらにそれを同僚やより若い人々との協同のなかで発展させていく歩みである。また、教師のライフコースにおいて、それぞれのステージにおける変化も共通にみとめられる。

石井さんの変化は、斎藤喜博、氷上正への傾倒からはじまる。質の高い授業、さらには「すごい授業」をもとめての修業が行われる。それは先にあげたように、子どもの「深い読み取り」にふれて強化されるのであるが、そこから生ずる子どもとの距離の自覚により、反転して自分をかえていく。子どもとともに学び、子どもに学び、自分を変えていくというスタンスへと変わるのであり、教室、学校、そして自主的な研究会は自分を変えていく場としてとらえられるのである。

前島さんの場合も、勤務校での先輩の助言や斎藤喜博の著作に学び、教授学の研究会で学んでいく。そしてなによりも記録されつづけられた反省録をとおして自分を変えていく。

牛山さんは、はじめての低学年担任のあと、信州大学付属小学校に赴任する。同校は一九一七年（大正六年）に、当時の教育を「教科目も教授時間も法によって規制され、教材の選択も分量も排列も国定教科書によって決定され」、行きづまっているととらえ、そのような閉塞を打開するために、「児童の教育は、児童にたちかえり児童によって児童のうちに建設されなくてはならない」とし、実践の方向を、「児童の生活をおもんじ、児童はその生活から学ぶことである。児童はみずから歩んで行く。わたくしたちは児童を歩ませる。そこに教育を発見し、創造することである」と見定めて研究学級を創設し、独自の総合学習を創造していった長野師範付属小学校の後身である。その実践は、同校において断続しつつ今日までつづいている。牛山さんは、同校で、ヤドカリの子どもと出会い、三年間にわたるヤギの実践にとりくむのである。

石井さん、前島さんの歩みも、日本の授業改造の歴史とつながっているが、牛山さんの場合は、大正期以来の、子どもを中心とする授業改造の歴史と直接的な結びつきを示している。牛山さんはその後、長野市下氷鉋小学校で、研究主任として子どもを学習の主人公とする実践の改造をすすめ、さらに生活科の実施をむかえて、長野県として独自の教科書を作成するための研究会に参加し、現場における総合学習の経験やその蓄積をいかす努力をはらわれてきた。

三人が先輩や歴史に学び、自分の実践をつくるとともに、同僚やより若い世代とともに学びつづけ、それによって自分の経験が次に伝えられていくという関係も重要であろう。

石井さんは、泊山小学校で先輩の豊田さんと授業研究会をはじめる。つづいて一〇人ほどの有志と四日市に「授業をつくる会」をつくる。さらに新しいネットワークとして「国語教育を学ぶ会」を結成され、おおくの若い教師が、そこを学びの場、自分を変えていく場とされてきた。

前島さんは一二年前から、毎月第二土曜日に、自宅で実践を報告しあい、学びあう「糸杉の会」をつづけられてきた。この会は、前島さんにとって、後輩のため、人のためではなく、自分の「心の拠り所」

であり、自分の「ピンチ」を救ってくれる場であったと記されている。

これらの研究会において、三人の役割は、自分を高みに置いて、教える、伝えるというものではない。研究会は「ともに学べる場」として、それぞれの経験や発見を交流し、触発しあう場であり、それによって、自分が支えられ、癒されるという、なによりも自分のための場なのであろう。

教師の仕事はクラフトマン的性格をもっていることは事実である。しかし、親方と弟子の関係における技能の伝承ではなく、いわんや行政的研修における上から下への伝達とはことなり、自立した一人ひとりの教師が相互に学びあい、そして成長していく関係を以上の研究会にみるのであり、それは自律的なプロフェッションとしての教職の成長を目的とする研究会の様式をしめすものと考えるのである。

本書の副題は「ベテラン教師からのアドバイス」とされている。しかし三つの文章は、助言として書かれたものではない。淡々と自分の歩み、変化が記されている。また自らをベテランとしてとらえている口吻もない。まだ変わりつつある自分、学びつづけている自分を語っているのである。そしてそのような記述が、深い触発力をもって、自分を変えていく歩みを示唆するのである。

(四)

教育の改革というとき、教師一人ひとりの変化を照準とすることが重要だろう。教育の仕事は一人ひとりの教師によって担われるのであり、制度や行政の改革は、教師の変化と成長を支えていくことが必要なのである。

「教師が壁をこえるとき」というテーマの「壁」について、三人は主として、自分自身の内側の壁を取り上げ、教師としての自分の内なる壁をどのようにこえてきたかを主題とされている。

教師が対面する壁には、実践を規定する制度的な壁、官僚主義にもとづく行政的な壁とともに、閉鎖的な学校文化、教師文化がある。前島さんが教務主任として経験し、ストレスによって胃潰瘍となったのはそのような幾重もの壁であり、このほかに文部省と組合の対立がつくってきた壁もある。それは長期にわたって、教職員がまとまって学校の課題にとりくんでいく力を弱めてきた。一人ひとりの子どもに応じて、思考力、創造力、自己学習力を育てることを教師に求めつつ、学級の定数を少なくすることが実現していないことも、教師の対面するおおきな壁である。また受験を中心とする、私的利害に収斂される父母の教育関心も壁に加えることができるだろう。

三つの記録を読んで、そのような多くの壁を低くして、三人の記録にしめされているような一人ひとりの教師の変化を支え、援助していく条件をつくりだしていくことが、今日の教育改革の課題であるとあらためて考えさせられるのである。

（一九九六年六月）

3　石井順治『授業づくりをささえる——指導主事として、校長として』（評論社）

1　改革の論議から実践へ

臨時教育審議会以降の教育改革論議の季節は終わり、改革は実践のレベルにうつってきた。これからの改革の主体は学校であり、実践者である一人ひとりの教師である。

一九九八年の中央教育審議会答申「今後の地方教育行政の在り方について」では、教育委員会が、地域、住民の要望に対応して、主体的、積極的に教育行政を展開するために、これまでの行政の見直しをもとめ、学校の自主性・自律性の確立を重視している。分権から集権へと、教育行政の方向を大きくかえた一九五六年の「地方教育行政の組織及び運営に関する法律」以降、四二年ぶりの変化である。また、最近の学習指導要領の改訂では、「総合的な学習の時間」の設定や時間割の編成など、あらためて、実践における教師の主体性・自律性が重視されている。これも学習指導要領の基準性が強化された一九五八年の改訂以来、四〇年をへての教育課程行政の見直しといってよい。教育改革が、かまびすしい論議から、ようやく地域、学校、教師の実践に焦点化されてきたのであり、それにどのように応えていくかが、今日の実践者の課題となっている。

そのような転回は決して容易なことではない。四〇年にわたる集権的教育行政のなかで、閉ざされ弱められてきた地域、学校、教師の主体性・自律性の回復が必要となるからである。このような状況のもとで重要なのは、一人ひとりの教師の変化であり、教師教育である。臨時教育審議会以降、教員研修の制度的整備がすすめられてきた。その成果がどのようなものであったかの評価が必要であり、現場における教育委員会、指導主事、校長の役割、とりわけ教師の実践と成長をささえる役割が重要になっている。

本書は、石井順治さんの、教師の授業づくりと成長をささえる、指導主事として、校長としての教師教育の実践の記録である。

一九八九年に三重県四日市市教育委員会指導主事に着任されてから、石井さんは県教委の指導主事、教頭、校長の職を歴任されてきた。その実践が第一章「指導主事の仕事をとおして」、第三章「校長として」、で述べられ、第二章「研究会の活動をとおして」では、石井さんが二五年にわたって参加されてきた研究会の活動と、そこでの石井さん自身の学びが記されている。

本書に先立って、石井さんは教師としての実践の歩みを、『学級づくりと国語科授業の改善・高学年』(明治図書、一九八六年)、『子どもとともに読む授業』(国土社、一九八八年)、『子どもが自ら読み味わう文学の授業』(明治図書、一九九五年)等で報告されてきた。二二年間にわたる教師としての模索、成長の軌跡であり、本書はそれにつづく、指導主事、校長としての一〇年間の記録である。

指導主事、校長の仕事は、今日、多様な繁雑ともいえる内容からなっている。それは学校を訪ね、校長室の日程表をみれば明らかだろう。この本は、多様な仕事のなかで、教師の授業づくりをささえる実践を中軸として書かれており、それが指導主事・校長の仕事の中核であり、またそれによって自分の成長があり、それゆえに研究会への参加と、そこでの学びが、指導主事・校長の本務において不可欠であることを示している。

三〇余年にわたって実践者との研究会に参加してきた私の経験であるが、おおくの教師が、管理職に就くことによって授業の研究会から遠ざかり、またはその関係が形式的になるのをみてきた。この記録で石井さんは、逆に授業研究の会への参加の必要性が一層つよまり、それが教師との結節点として生きていることを示している。

本書では、淡々とした記述のなかで、教師の成長をささえる仕事の内実と、石井さんの姿勢が具体的に示されている。多くの困難を抱える今日の教育の最前線において、教師を支え、励まし、授業づくり・学級づくりを一緒に考え、そして教師の変化、成長をささえる仕事の記録である。二二年間の歩みと、一〇年間の記録をつないでとらえることが重要であり、その間、一貫して学校や校外の研究会で学び続けてきたこと、そのことが教師をささえる営みの核となっていることに注目したい。

2　石井さんの助言のもつ力

私と石井さんとの出会いは一七年前のことになる。

一九八二年、当時「国語教育を学ぶ会」の会長をされていた田村省三さんの依頼で、私の授業研究の近況報告を滋賀県長浜市での研究集会でおこなった(「私の授業研究―映像で教育を読む―」『授業研究の歩み―一九六〇―一九九五年』評論社、一九九五年)。

その中で、当時試みていたビデオを利用した授業研究の方法「授業のカンファレンス」を紹介し、その場で試行するために授業のビデオの準備をお願いした。それに応じていただいたのが石井さんだった。それ以来、「国語教育を学ぶ会」では、ビデオを活用しての授業研究が始まり、その頃三重大学に着任された佐藤学さんの参加、協力によって、「授業のカンファレンス」とよんでいた研究方法が定着し、その研究は今日まで続いている。研究の発展として、演出家の竹内敏晴さん、詩人の谷川俊太郎さんの参加による国語の授業研究、さらに河合隼雄さん、佐伯胖さん他を加えての岩波書店『シリーズ　授業―実践の批評と創造』（全一一巻）の刊行、そして日本児童教育振興財団（小学館）の「授業研究セミナー」などにおいて、石井さんとの共同研究をつづけてきた。

一七年間にわたり、石井さんと一緒に研究会に参加して、そこで報告される実践に対する石井さんのコメントをききながら、「かなわない」と思うようになったのは、ここ五、六年のことである。授業の見え方、授業者である教師への共感とアドバイスの内容、そして、その言葉の授業者への通じ方において、私とはおおきなへだたりがあることを痛感するようになったのである。今では、それは当たり前のことと、素直にうけとめることができるのだが、教育方法学の研究者として、教師教育にたずさわることを課題としてきた私にとって、それは衝撃であった。それ以来、教師教育者としての石井さんのキャリアのもつ重みを考え、そのような教師教育者の大切さ、必要性を考えるようになったのである。

何が「かなわない」のか。

第一は、実践に対するコメントの具体性である。

授業は言うまでもなく特定の子ども、特定の教材、そして特定の教師によっておこなわれる複合的な個性的実践であり、その研究においては、一般論にとどまらない個別的、具体的な考察がもとめられる。

とかく一般論にとどまりがちな私のコメントにたいして、石井さんのコメントは、つねに実践者としての体験にもとづく洞察であり、より具体的な指摘と助言であった。

第二は、子どもを見る目であり、子どもへの共感である。教師としての実践記録で、石井さんが強調されているのは子どもとの出会い、子どもの発見による自分の変化である。「いかにして子どもにとって分かりやすい、効率的な指導をするか」を考え、そのために教材解釈をし、発問や授業の展開の技術を学ぶという立場から、出会った子どもに揺さぶられ、子どもに教えられて、「人間のこと、教育のことを学んだ」と自分の変化を振り返られている(「子どもにゆさぶられ、教えられて」『日本の教師 二四巻 教師として生きる』ぎょうせい、一九九五年)。それは授業では一言も発言しなかった子どもが、感想文のなかで、自分の切実な体験にねざす深い読みを記しているのにふれ、一人の人間としての子どもへの理解を開かれる体験として述べられている。そのような子どもへの共感は、この本の最後におさめられている石井さん自身の授業、「いのちと家族」にみられる石井さんの生育歴ともかかわっているかもしれない。生後間もなくお父さんが応召され、やがて戦死される。そのような事情のもとで、お母さんと周囲の愛情のなかで育ってこられた歩みが、子どもの悲しみや思いへの洞察、共感をささえているように思うのである。

第三は、実践者への共感である。そこには先にあげた実践記録からうかがえる、自分の歩んできた実践者としての歩みの軌跡、そこでの試行錯誤、苦しみや喜びが、実践へのコメントにこめられている。実践を研究の対象として捉える私のコメントとのちがいを思いしらされるのである。

第四は、以上のような体験から発するコメントのもつ力であり、説得力である。いや、それは説得ではない。コメントされる人との経験の重なり、共感にもとづく言葉の浸透力である。石井さんのコメントは、時にはドキッとするほどきびしい。それはおそらく、実践者としての自分にむけられた、かつての自分の体験を想起して語られる言葉であり、それが実践者の間での内側の言葉として通じあうのであろう。外側からの私の言葉とおおきくことなるのである。

3 教師教育者への期待

私はこの本をよんで、教師教育者、teacher educator の重要性と、それが必要とされながら、きわめて希少であることを考えさせられた。本書は今日もとめられている教師教育者のありかたを示す貴重な記録である。

教師教育者と言うとき、一般に、まずあげられるのは教員養成大学の教師であろう。教員養成にあたる教師が教師教育者であることが求められることは言うまでもない。しかしその多くは細分化した学問分野の専門家であり、学校の実態や、実践の複合性にたいする経験や理解は乏しい。そしてその改革が現在、教員養成大学の課題となっている。

指導主事はどうだろうか。アドバイザーという名称のように、教師への援助者であり、本来その援助は個別的、具体的であることが求められる。しかし、その現状は、制度化された多くの教員研修の運営に忙殺され、また学校での研修への参加においても形式的な助言にとどまっていることが多い。

校長はどうか。現在の校長の職務をみると、管理的な仕事におわれ、学校に腰を据えて教師の援助をすることがすくない。またそのような援助を教師が忌避する傾向も、長期間にわたって存在していた。

このような現状において、今日もとめられている教師教育をどのように充実させていくのか、そのための教師教育者はどのように形成されていくのかが、現在の教育改革の要となっている。石井さんのこの記録は、指導主事として、校長としての、これからもとめられる教師教育者の姿、新しいリーダーシップを示しているとともに、そのような教師教育者の条件と、その形成においてなにが必要であるかを示していると思う。

最後に、石井さんに見られる新しいリーダーシップの特質についてふれておこう。

三〇年前のことになる。私は、斎藤喜博さん他と一緒に教授学の研究会をつくり、実践者と研究者と共同の研究をすすめたことがある。斎藤さんは、当時の教師教育者のひとつの典型であった。授業の創造と教師の成長を課題として、校長として、研究会のリーダーとして、また短期間ではあったが、教員養成大学の教師として教師教育にあたられた。

斎藤さんのリーダーシップは、言わば親方的、マイスター的なものであったと思う。理屈ではなく腕を、実践的力量を重視し、親方として弟子を鍛えるという姿勢が顕著であった。若き日の記録『教室記』や『教室愛』に見られる、自らの精進をとおして身につけられた力量と、それにもとづく理論を、後輩につたえようとされ、精力的な活動をとおして多くの実践者をそだてられた。

三〇年をへて、石井さんのリーダーシップは斎藤さんのそれとは異なっているように思う。弟子を鍛えるのではなく、あくまで研究仲間としての研鑽であり、その助言は、自分の経験と、相手の経験とを重ねつつ問題点を指摘し、代案を出し、実践に即して、共同の反省として検討し、提言していくという立場であり、対等な研究仲間として、同僚としての発言である。それは、外側や上からの意見ではなく、内側からの代案として受けとめられていくことによって力をもっている。

研究会のあとで、石井さんは研究会の仲間と旅行をされることが多い。それぞれの場所で、息抜きのスポットをさがしてプランをたて、自分もワン・オブ・ゼムとして楽しそうである。斎藤さんも、同様な旅行をされていたが、その多くは、教師の教養を豊かにすること、その指導を目的とされていたと思う。石井さんの場合、自分もはだかになって楽しむという関係の自然さが対照的である。これも、現在もとめられているリーダーシップの、ひとつの類型を示していると思う。

初めに述べたように、教育改革の鍵として、教師の変化、成長をささえる教師教育者がもとめられている。そしてそのような教師教育者の特質が何であり、それがどのようにつくられていくかが重要な課題となっている。本書は、その一つの例を示すものといえるだろう。指導主事として、校長として、研究会のリーダーとして、このような教師教育者の層が厚くなるといいと思う。

（一九九九年六月）

4　教育ビデオ・ライブラリー　解題（小学館　日本児童教育振興財団）

一　阿部直久『群読を創る子どもたち』

阿部直久さんとの出会いは、三年前のことになる。それはビデオの映像をとおしての出会いであった。私が、当時、審査を担当していた読売教育賞の国語部門に、阿部さんは「内なる世界の開拓・他者との響き合い――自他を開く朗読を目指して」と題する論文を応募された。その論文に六年生の「二人の山師」（城　侑）の授業のビデオがそえられていた。

五年生を受け持ったとき、子供たちの音への鈍感さにおどろく。阿部さんは、それを物理的な問題にとどまらず、声や言葉、日常の話においても相互に鈍感であり、関わり学ぶという関係や、連帯感、人格的触れ合いの欠落を示すものとしてとらえ、表現をとおしての内面の開拓と、その交流を目指す実践を試みる。国語においては、音読、朗読を意識的にとりあげるのである。

「二人の山師」の授業は、そのような目的を明確に示すものであった。そして、その授業における阿部さんの姿、存在が印象的であった。

ビデオでの阿部さんは、きわめてひかえめである。詩を配り、子どもを詩に出会わせ、意味を考えさせ、子どもの意見を受容しつつ、詩の世界にいざなって行く。控えめな、しかし的確な発言の背後に、阿部さんの、明確な目的と授業の組み立てがうかがえるのである。そしてそのような柔軟な指導、そして時間と空間のもとで子どもたちは二人のペアーをつくって表現し、それを全体で鑑賞し合い、交流と触発によって、授業が展開していく。そこには学習と創造の共同体が存在し、また、その教室には、ユーモアの感覚があふれていた。

阿部さんの論文は、第四二回読売教育賞の最優秀賞を受賞された。

教育ビデオ・ライブラリーに収録された四年生の群読、「水すまし」（高橋忠治）の授業は、「二人の山師」の授業の発展であり、継続した三校時の授業の中で、阿部さんの授業の特質がより明確にあらわれている。

授業の内容と、阿部さんの指導の特質は、この冊子に掲載されている阿部さんへのインタビュー記事に詳しいが、ここでは、冒頭から一部をたどってみよう。

まず、子どもと詩との出会い。阿部さんの配る詩を期待感をもってうけとる子どもの様子。それぞれに読み始める。一人で読んで、自分のイメージを創り、友達といっしょに読んで、詩を読む楽しさを味わうことが授業のテーマとされる。

子どもがのべる感想を、「なるほどね」「なるほどね」と受容する阿部さん。子どもは安心して自分の感じや意見をだしていく。読みをとおして、このときの様子はどうか、この言葉の意味は何かとたしかめていく。

次に「水すましになったつもりで」読む。子どもの集中が映像からつたわる。それぞれに自分の表現を探っているようだ。

指名されたゆみ君が一人で読む。自然におこる拍手。友達のコメント。そしてからだのうごきとむすびつけて、詩にかかれた様子を話すゆみ君。それはあずささん、井手さんとうけつがれ、その過程で、それぞれの表現が明確となり、個性化していく。そしてお互いに触発しあい、つながっていく。

つぎに、グループでの読み。自由にグループを作り、広いスペースで、動きをともなって群読が創られていく。それは一人ひとりの読みを超える力動的な表現であり、群読の意義を納得させる。

それぞれの表現にたいする子どもたちのコメントも豊かとなる。その過程に阿部さんの問いが加わり、解釈が深められていく。

考えながら、解釈と表現を創る。たとえば、「あつまれ」は、命令か呼びかけかを考えさせる。声をだし、からだでたしかめて考えさせる。「私はこんなふうに読みたい」をさぐらせる。そこで出てくる子どもたちの意見やつぶやきの自然さ。

いよいよグループでの発表。それにたいする子どもの批評の的確さとあたたかさ。ビデオをみながら、この授業に自分も参加している感じになる。

三校時をつづけての授業。そこでの子どもの集中と持続、そして相互の交流。それは「二人の山師」をこえるものだ。ただ、「二人の山師」のユーモラスな空気、楽しさも貴重なものだったが。

表現をとおして、自立し、つながり、そして共生の関係をつくりだしていくことを願う、阿部さんの学級づくり、授業づくりの志向が、明確に子どもたちによって表現されている。ゆったりとした空間と時間。そして教師の願いと指導によって、授業はさまざまな可能性をもつものだとおもわせられる。私には、「二人の山師」につづく御馳走だった。

このビデオをとおしての、もうひとつの出会いにもふれておこう。

「水すまし」の作者である高橋忠治さんは、現在、長野県の黒姫童話館の館長をされているが、かつて長野市の小学校長をされ、私は、一〇年余り前、その学校の授業研究に参加したことがある。奇遇であり、くばられた詩の作者名をみてすっかりうれしくなった。

（一九九六年一〇月）

二　宮原千香子『二年生の生活科――ぬかづけとの出会い』

教育ビデオライブラリー「二年生の生活科――ぬかづけとの出会い」は、宮原千香子さんの二回目のぬかづけの実践である。一回目は一九九二年度の実践であり、そのリポートによって第四三回読売教育賞・生活科の指導で最優秀賞を受賞された。「生活科の指導」部門の第一回の受賞である。それが機縁となって、本ライブラリーへの収録となった。ビデオとその時の受賞論文とをもとに、ぬかづけの実践を紹介することにしよう。

誰がつけたタイトルだろうか、「ぬかづけとの出会い」は、この実践にぴったりの題だと思う。この実践は、さまざまな出会いからなり、家族や地域の人々、ぬかづけの科学などとの出会いにより発展し、ひろがりと深みをもったものとなっている。

まず、ぬかづけというテーマとの出会いである。前回の実践は、「野菜を育てる」という単元で、スイカの先生である農家の人に肥料としてもらったヌカとの出会いからの自然発生的な出発だったが、今回は、稲づくりからはじまり、もみ米をついて出たヌカとの出会いから出発している。

前回では、ぬかづけは宮原さん自身にとって、初めての体験であった。資料をあつめ、発酵学などの文献をしらべる。それは先生自身にとって、新鮮な出会いであり学習であった。子どもたちは、自分の家の「ぬかどこ」をしらべて報告し、保護者会で協力をおねがいし、地域の「ぬかづけ先生」の援助をえる。伝統的食文化との出会いである。そして今回は、宮原さん自身が、ぬかづけについて知識も経験もある。そこで「ぬかづけ先生」さがしは、班別になった子どもたちにまかせた。子どもたちは、前回より、さらに自主的に、ぬかづけ先生や伝統食文化との出会いを体験している。

この実践のハイライトは、生きものとしてのぬかづけとの出会いだろう。「ぬかどこ」の中の住人、空気がちょっとすきな乳酸菌のニューチャン、空気がなくなると元気になるラク酸菌のラクちゃん、空気が大すきなカビクンが共存し、拮抗する「生きもの」の世界として「ぬかどこ」をとらえ、かきまぜる回数、タイミングを考えていく。ぬかづけをとおして、ミクロの世界と出会い、ぬかづけの世話をとおしてその世界に働きかける。またグループごとに工夫して、ぬかづけの個性をつくり、父母も加わって食べくらべをしてみる。微生物学の世界に子どもは五感を通して出会うのである。

ぬかづけは、子どもの持続的な手入れをもとめ、グループでの協力をもとめる。

このようなさまざまな出会い、交流をいかし、手入れを持続することによって、子どもたちは多面的な活動をおこない、認識を育て、それらは、ノートにこまかく、大切に記録されていく。

宮原さんは、ぬかづけづくりが育てたものとして、（1）生き物としての世界、（2）自然とのかかわり、（3）地域とのかかわり、（4）伝統的食文化への気付き、（5）友達との協力、（6）五感を使った楽しみ、（7）科学的気付き、（8）生活上の技能の八点をあげている。

ぬかづけという一つのテーマが、宮原さんの創意により、さまざまな出会いを生かして、広く、豊かな、総合的学習を成立させているのである。そのような展開は、生活科のみでなく、他の教科、教科をこえての学習においてもとめられる教師の力量といえるだろう。

ビデオは、それぞれの場面での子どもの集中、おどろき、そしていきいきとした活動をとらえている。子どもが、大切そうに「ぬかどこ」をわけ、家にもって帰る姿は、二つの実践の成功を物語っている。伝統的食文化は、学校から家庭につたわるのである。

この実践は、さらに、生活科、図工、国語の合科授業としての絵巻物づくりに発展する。

この記録は一人の教師が、ぬかづけと出会い、子どもや地域の人々とともに実践を展開し、楽しく、いきいきと、そして、学問や文化的な背景を含めて学び、生活に生きる実践をつくり出していく過程の記録として、生活科にとどまらず、ひろく教育、授業の本質を考えるための示唆を与えてくれるように思う。

（一九九五年十一月）

三　西岡陽子『ぼくのわたしの絵文字づくり』

子どもの関心や追求を軸に、学習を組織する合科・総合学習やクロス・カリキュラムが、中央教育審議会の答申を契機に流行しようとしている。そこで重要なのは、教師がなぜそのような方法をとるのか、追求のテーマがどのような意味をもっているのか、そこで子どもは何を学び、どのような力をつけていくのかを問うことであり、さらに教師自身が子どもとともに追求していくことが重要であろう。

この授業ビデオは、西岡陽子さんが国語科の枠をひろげ、漢字の絵文字づくりをテーマとして、漢字の成り立ちの学習と絵文字の表現を目的とした実践の記録である。子どもと西岡さんとの共同の追求の過程を見ることができる。

出発点は一学期の終わりのモンゴルの留学生（奈良教育大学院生・書道専攻）の来訪だった。象形文字の「虎」を金文体で書く。子どもはそれぞれに触発されて、それぞれに漢字の象形化をこころみ、その作品を一緒に検討する。第二の段階は「馬」の追求である。さまざまな資料を使って馬のイメージをつくり、文字の変化を学び、そのうえで自分の「馬」を表現する。そのような経過のうえに、このビデオの授業がおこなわれている。

これまでに習った漢字六二〇字から、絵文字にしたい文字の候補として一〇字をえらぶ。それをさらに絞りこみ、鉛筆で形の工夫をする（一二月一六日）。次は習字で表現し、友達の字のよさを見つけあう（一二月一七日）。最後が絵文字づくりである（一二月二一日）。一人ひとりの工夫や迷いに対応して、西岡さんがアドバイスされていく。子どもは漢字辞典を参照しつつ、意味の追求と表現の工夫を進めていく。

この授業には多くの目標や願いがこめられている。六二〇字を丁寧に書き、一字一字を意識的に見て、絵文字にしたい文字を選ぶこと、その文字の意味を追求し、形と意味の関係をとらえ、自由に絵文字として表現すること、お互いに絵文字を見合い、その表現を鑑賞し、学び合うことなどである。指導過程における、「文字ノート」や「自由ノート」の丁寧な指導、子どものアイデアの受容と、追求のためのきびしい要求、そのような西岡さんの指導のもとで形成され鍛えられている子どもの集中や、たのしそうに学び合う様子が印象的である。また、「すっきり度」であらわされる子どもの自己評価も重要だろう。結果として何が学ばれたかだけでなく、その授業が一人ひとりの子どもにとってどのような意味をもっていたのかを子どもが反省し、たしかめるのであり、それは教師の反省の手掛かりとなり、次の目標を明確にするために生かすことができるだろう。

私自身も、かつて、小・中・高の学校で文字の授業を試みたことがある（「教材解釈と教師の創造力」『授業研究の歩み――一九六〇―一九九五年』評論社）。最後に、この授業の検討会に参加したつもりで、教材に関してコメントしよう。

「馬」に集中した第二の段階と、六二〇字から絵文字にしたい文字を選ぶ段階には飛躍が大きいように思う。象形文字、会意文字、形声文字などさまざまな文字のなり立ちをかんがえると、ここでは象形文字、会意文字にしぼって、絵文字づくりにとりくむほうが、教材として自然であり、子どもにとって無理がなく、こじつけにならないですんだと思うのである。また六二〇字から象形文字、会意文字をさがすことも、漢字の学習として意味のあることだろう。絵文字づくりでは、子どもにイニシアティブをゆだねるという西岡さんの意図は理解できるのだが、そのようなステップをいれることによって、漢字の体系的学習に開かれていく可能性があると考えるのである。漢字という貴重な、そして身近な文化財だけに、この授業の検討をとおして、さまざまな試みがうみだされていくことを期待したい。

三〇年余りまえの新任当時から、今日までの西岡さんの実践者としての歩みを知るものとして、三〇年間の折々の変化を回想しつつ、いまなお初心をうしなわずチャレンジしつづけられている姿に感動し、このビデオをみせていただいた。

（一九九七年六月）

四　室田明美『子どもの心を開く教室』

このビデオには、埼玉県新座市池田小学校一年一組、室田学級の一年間が、入学当初の一九九七年四月、そして一一月、二月の三つの時点で記録されている。

四月。前に担任したクラスの子どもたちの、壁一杯の共同制作「未来の新座市と妙音沢」に迎えられて、新入生の小学校生活の第一歩が始まる。新しい教室は白紙なのではない。学校という文化に子どもたちは参入するのであり、それを迎えるのは、室田さんとともに、そこで学んだ子どもたちの学びの結晶としての作品である。そして教室の前方に掲げられている「教室はまちがう所、そしてなおすのも教室」という言葉が目をひきつける。

国語、文字「の」の学習の場面。おそらく、ほとんどの子どもは、「の」を知っているはずである。しかし、具体物である一人ひとりの「のり」とむすびつけつつ、「の」の筆勢や「いい気持ちでかけているね」など、文字が一人ひとりの表現として、ていねいに学ばれて行く。そして、その表現をお互いに見合って、「いいとこさがし」が行われる。学校は友達と一緒に学ぶところであることの意義が、ひとつの文字の学びにこめられているのである。

一緒に学ぶためには、ルールが大切である。「ハイハイ」と手をあげる時の子どもの気持ちによりそいながら、当ててほしいという気持ちと、待つことの葛藤をとらえて話し合い、子どもたちのルールがつくられていく。休み時間に遊ぶ場所を選ぶことも大切なルールとして、丁寧に指導されている。

室田学級のユニークで、重要な試み、給食の時間の「木のレストラン」。毎日交替で、一人の子どもがテーブルに招待される。がっしりとした自然木の椅子にすわって先生と食事をする「デートの時間」である。

食事をしながらの会話。「どうして飛行機は速いのか」、「どうしておなかがすくのか」。りゅう君の話す様子から、自分の考えたことを話せるときめきと、ものをみて触発され、その根拠を求め考える主体の存在がみとめられる。それはメモされ、一日の生活をふりかえる「もしもしお話」の時間で披露され、さらに学級通信「木のレストラン」で家庭にとどけられる。

ビデオの冒頭の体育の情景は、一一月である。跳び箱とマット、一人ひとりが考えて表現する演技を皆でみて、コメントしあう。りょうすけ君の表情と息づかい。安心してチャレンジし、自分を表現しあい、育ち合うつながりがそこにみとめられるのである。

二月の国語の授業「狸の糸車」も同様である。子どもたちがお話を言葉と動作で輪読していく。それを鑑賞し、学び合って行く。「子供の心をひらく教室、心と心をつなぎ、学びをつくる」というこのクラスの方針がはっきりと、子どもの姿からよみとれる。子どもの心を開き、つなぐために「木のレストラン」が重要な役割をはたしており、それによって、家族をふくむ学びと理解の共同体が形成されているのだと思う。

これらの場面で、室田さんは子どもたちに加わって、クラスの一員として鑑賞し、大事なところでメリハリのきいた焦点化や助言をおこなっている。クラスでの室田さんは、お母さんであり、クラスの一員であり、子どもと学びを組織し、媒介する教師であり、そして生活者としての子どもたちの先輩である。

室田さんの、子どもとの関わりを示す文章がある。本当の教師の仕事とは何だろうか。室田さんは、教師になってから、自問自答を繰り返してきたという。教育実践の歴史に学び、すぐれた先輩教師の仕事の記録を読むうちに、「子どもとのかかわり方が教師の仕事を決定する」ということに気づく。一つの回心である。子どもとかかわる際に、子どもの学びをとらえる教師の感覚、日常における子どもとのさりげないかかわりの中に、学びの芽を発見できる感覚が重要だと考える。

「目の前の子どもたちは、すでに学んでいる存在、学びつつある存在であるという認識を、私は持っている。子どもに学びをあてがうのではなく、引き出すのでもなく、子どもの学びの事実に立ち会いたい。そのために、私は『子どもの事実』に謙虚でありたい。そして『子どもの事実からの出発』に敏感でありたい。『子どもの事実』を読み取りながら、学びの質をいつも問う、自分自身の探求心が私の仕事の支えになっている」(「子どもから学ぶ――子どもの学びに立ち会う中で」『岩波講座　現代の教育　第三巻　授業学習の転換』一九九八年)。

この文章には、ビデオに見られる、室田さんの子どもとのスタンスと、信条が凝縮されている。それは室田さんの教師としての二〇年の歩みの結晶といってよいだろう。それは決して平坦な道程ではなかった。私の二〇余年におよぶ室田さんとの交流から、そう思うのである。

教師になって三年目の五年生のクラスでは、子どもとの関係がこじれ、親もまきこんで、荒れたクラスになり、教師をやめようと思う。このようないくつかの試練のなかで、教師としての学びがはじまる。子どもにたいする姿勢を変えること、教材研究にうちこむこと、生活綴方の先人峰地光重の実践に学ぶこと、小さな研究会で実践を報告し一緒に問題を考えるなど、そこには多くのドラマがあった。その過程で先の「回心」がはじまる。そのきっかけは、家庭学習のプリントに「自由コーナー」をもうけ、そこにあらわれる子どもの関心、つぶやき、生活と室田さんとの対話がはじまり、さらにそれが発展して一人ひとりの「本づくり」になるという実践の展開であった。小さな窓から入った風が、室田さんの子どもに対するスタンスを変え、教室の空気と学びを変えていくのである。八年前のこの実践が「木のレストラン」と現在の実践につながっているのである。

一九九四年に刊行された『教育の窓をあけませんか』(国土社)が、このビデオの背景として読まれるといいと思う。このビデオと本にしめされている、教師としての一つの成長の軌跡に触発されて、新たな実践と歩みがうみだされていくことを期待したいのである。

（一九九八年六月）

五　室田明美『いのちを学ぶ──自然から、友だちから──』

このビデオは、室田明美先生の一年生のクラスを、一九九七年四月から翌年二月にかけて記録したビデオ『子どもの心を開く教室』の続編である。学校の近くにある「妙音沢」をテーマとする総合学習の実践を、続編として記録しようということになり、一年生から二年生にかけての実践が、ひきつづき収録されていった。

室田さんは、一九九六年度に受け持たれた二年生のクラスでも、「妙音沢」をとりあげられ、その実践を「子どもから学ぶ──子どもの学びに立ち会う中で」（『岩波講座　現代の教育3　授業と学習の転換』一九九八年）で報告されている。

学校の近くに武蔵野台地の森、わき水があり、子どもにとって昆虫のいる探検の場所である。そこを学習の場とされ、わき水などについて、子どもから出てくる疑問を、妙音沢を研究されている近くの新座高校の初見先生に直接に質問し、子どもたちの研究はスタートした。地層のしくみ、生態系、食物連鎖などの研究へと発展し、子どもたちは自然の保護の必要に注目し、市によって予定されていた公園の整備計画による自然破壊にたいして、市長に陳情の手紙を出すという学習経過が報告されている。新しいクラスで、「妙音沢の学習」はどのように展開していくだろうか、それが続編のテーマであった。

学級というものは、教育の実践というものは、つくづく生きものだと思う。新しいクラスで「妙音沢の学習」は展開していくのだが、二年生になって転校してきたKさんの参加により、このクラスの記録はもう一つのドラマと重なることになる。室田さんはKさんとの出会いによって、新しく子どもを見る目を深め、また子どもどうしの理解を深め、それによって、この記録は予定を越える内容となった。

以上のような経過から、このビデオは二つの内容から構成されている。一つは「妙音沢」の学習であり、根の研究を中心として、自然から「いのち」を学んで行く記録であり、もう一つは、友達を通して、人間一人ひとりの価値、「いのち」を学んで行く記録である。

新しい「妙音沢の学習」で、中心となるのは根の研究である。倒木が多い「妙音沢」をたずねて、倒れている木の根に着目して調べたいという健くんの日記からスタートして、それぞれの方法で根の研究がはじまる。おおきな紙に、根から絵をかきはじめる子ども、カメラやビデオで根を写す子ども、工作で木の模型を作る子ども。そしてさまざまな発見が記録されていく。校庭の根の形態に注目して名前をつけていったり、野菜の根の形を想像し、畑にいって根の探検をするなど、根を通して植物のいのちへの理解と、それに必要な環境が学ばれていく。このような研究にもとづき、木のいのちと環境を主題とするオペレッタ『木のうた、水のこえ』を制作し、来年度に入学してくる近くの保育園の子どもたちに発表する。さらにそのあとで「妙音沢」に案内することによって、そこは共同の、まもるべき自然になるのである。

二年生になって、新緑と昆虫など新しいいのちの息吹のなかで、「いのち探し」を軸として「妙音沢の学習」は進められていく。

この学習は環境教育として位置づけられるかもしれない。しかし、それは自然を大切にという観念的な教育ではなく、根という具体物に注目し、その研究をとおしていのちをとらえ、それを表現し、つたえていく学習であり、さらにカメムシや、泡吹き虫の泡や、ドングリの苗という小さなものに着目していく展開が重要だろう。

二年生になってからの記録には、新しく転入してきたKさんが学級になじんでいく姿、子どもたちがそれを支えている様子がとらえられている。また、道徳の時間で、子どもたちが「靴かくし」のいたずらの事例を中心に話しあう場面が取り上げられている。いたずらされ、片足はだしで家にかえったりゅうくんの怒りの表情と、いたずらをした子どもが、りゅうくんに名乗りでて、あやまったことを報告するりゅうくんのさわやかな表情とのコントラストが、心のかよいあった様子を示して印象的である。

学級づくりが、二年生になってからの大きなテーマであり、それは子どもが、友達をとおしていのちを学びあうプロセスであったことを、室田さんはインタビューにこたえて、詳しくのべている。

転校してきたKさんの挙動への室田さんの戸惑い、それによって影響されるクラスのリズム、子どもとともに室田さんは困惑する。しかし、当初は奇矯とも見えたKさんの言動に、室田さんはKさんのこれまでの生活、人生によって形成されてきた感性と自己主張を発見するのである。それは、りゅうくんの地球の詩や、子どもたち一人一人の行動や表現をとおしての子どもの発見と共通するものである。

私は、室田さんの学生時代から二〇年余にわたる研究会仲間であるが、ビデオに添えられている記録をよんで、室田さんは実践者として、とりわけ子どもの理解において新しい地平にたたれているのだと感銘を受けた。ビデオだけではなく、是非この記録をお読みいただきたいと思う。

室田さんが述べているように、子どもたちは、自然から、友達から、いのちを学び、その両者はつながっているのであり、だれよりも室田さん自身が、そのことを学び、自分を新しくされていると思うのである。

「学級崩壊」という言葉が、最近の教育界に広く流布している。そして、それをもたらす状況が存在していることも事実であり、室田学級もそれと無縁ではなかった。この記録は前編の『子どもの心を開く教室』とともに、それを乗り越えていく教師の実践、なによりも教師自身が変わることによって、それを乗り越え、より深い実践を創り出していった記録とみることができる。

（一九九九年三月）

5　藤本三郎『藤本三郎教育論集』（郷土出版社）

1　藤本先生との出会い

はじめて先生にお会いしたのは、もう三五年余り前のことになる。

一九六〇年の秋に、東京大学大学院の宮坂哲文ゼミに参加して、高森南中学校を訪ねたときであった。宮坂ゼミは、前年までは生活指導をテーマとしていたが、その年から授業研究がテーマとなり、授業を中心とした教育方法史を専攻していた私は、はじめてそのゼミに参加した。黒林末広先生の授業を観察し、検討をおこなった。その授業のテープおこしが、私の最初の授業記録づくりであった。

藤本先生は同校の教頭であった。きびきびしたリーダーシップ、明晰な発言、そして学生への暖かみのある、しかし甘やかすことのない対応が印象に残った。研究会のあと、飯田の宿でおそくまで話し合った記憶がある。

時はおおきく飛んで一九八三年の三月のことになる。全一八巻からなる『長野県教育史』完成の式典があり、私は監修に関与した者として出席した。そのときに、長野県教育委員長として先生が挨拶された。藤本三郎という名前に記憶はあったのだが、二三年間の空白と、あとでのべる事情から、同名異人の可能性もあるかと、大勢の会でもあり、あえて確かめることもなくおわかれした。

そのころ長野県からの派遣研究生として牛山栄世さんが東大にみえていた。研究生修了のおりに、県教育委員長名で丁重な礼状がとどいた。一九八五年に、牛山さんの実践を『総合教育技術』（小学館）に紹介したので、同誌を先生にお送りし、私も学生も牛山さんから学ぶことが多かったことを記した。その手紙にたいする返書のなかで、かつて高森南中学校で宮坂先生の指導をうけたとの回想が記されていた。同一人物であることがはっきりし、しかも私は早逝された宮坂先生の後任であるという縁もあり、直接お話ししたいと飯田のお宅にうかがった。

その後、先生の紹介で高森南中学校の後身である高森中学校の授業研究に参加することになり、これまで一一年にわたって継続してうかがい、藤本先生とも同校の研究会で御一緒することになった。

一九八三年に式典で御一緒したとき、同名異人ではと考えたのには理由があった。一九六〇年にお会いしたとき、だれからとなく、先生が長野県師範学校の卒業生ではなく、代用教員からスタートされたと聞いていた。まったく俗な推測で恥じ入るのだが、そのことと県教育委員長のポストとの落差が、別人の可能性もありうると考えさせたのである。

先生は一九八一年から一九九二年にかけて、一一年間にわたって県の教育委員長の任にあたられた。それは、先生ご自身の力量や人望によるものであるが、それとともに、とかくありがちな学校閥にかかわりなく、もっとも適切な人物を、必要とする位置にえらんだ長野県の容量をおもうのである。そしてそのことを、なによりもこの本自体が示していると考えるのである。

2　教育委員長としての発言

先生が教育委員長として在職されていた時期は、戦後教育のさまざまな矛盾、問題が顕在化し、論議が活発におこなわれた時期であった。不登校、いじめ、非行、自殺などによって教育、学校の病理があらわとなり、学力問題が論議され、教育改革が国家的課題とされた。一九八四年に臨時教育審議会が発足し、一九八九年には第一四期中央教育審議会が発足している。そして改革論議は現在の第一五期中央教育審議会に引き継がれている。

この期間、世論の批判の標的となったのは、学校と教師であった。教育の問題は、政治、経済、行政、文化と深く関わり、教師、学校を越えて、親、地域、市民、国家と相関している。そのような関連を具体的に検討し、地道な改善の実践を進めて行くことが必要であるが、多くの場合、声高な一方的な指弾がおこなわれるのである。

長野県において、そのような論議は苛烈であった。学力問題については、かつての名門進学校の不振等が、学区制と関連して全県的な論議をよんでいた。子どもの自殺、教師の自殺が県内でおこり、学校の体制が批判された。これらの問題は複雑な要因と背景をもち、その検討は具体的な事例にそくして慎重に論議されることが必要である。そして教師、学校のみではなく、関係をもつそれぞれの人が、それぞれの反省を通して、その解決を共同で追求することが必要である。しかしおおくの場合、教師と学校にたいして飛礫が投じられ、マスコミもそれを増幅しがちであり、県議会もしばしば一方的な指弾の場になりがちとなる。教育委員長の座はそのような指弾の矢面に立たされる座であり、藤本先生の在任期間はそのような試練の時期であった。

この本におさめられている県議会での答弁は、相次ぐ問題にたいして、教育委員長としてどのような認識と判断、そして展望をもっているかの表明であり、もっとも困難な、緊張感をともなう応答といえるだろう。

多岐にわたる先生の一連の発言から三つの問題を取り上げよう。

第一は、くりかえしとりあげられてきた学力問題、大学合格率の上昇への期待とその対策への対応である。「知・情・意の調和のとれた人間教育」を、信州教育の伝統の真髄としてとらえつつ、「いわゆる受験学力は全人教育が目指す学力の重要な部分をなすものであり、これを二者択一的にとらえるのではなく、全人教育を着実に推し進める中で、すべての児童生徒の学力向上を図ることが教師に課せられた最大の使命である」とする立場が一貫して堅持されている。それが今日において、いかに困難な課題であるかを自覚しつつ教師の課題とされている。

第二は、非行に関連して親の教育力の低下が問われたとき、戦後社会の急激な変動、高度成長下での親の多忙、教育関心の学業成績への偏りといった、ひろい視野からの考察のもとに、親と学校との協同をもとめている。「PTAは子どもの全人的な発達をめざしての教師のあり方や親のあり方が相互に厳しく問われ合うという場でなければならない」とされている。広い背景をもった課題としてとらえつつ、学校と父母との協同を期待されている。

第三は、学校と教師への注文である。学校や教師が批判を恐れ、過剰に反応し、批判を恐れることによって、児童生徒への管理をつよめている。このような閉塞した状況の打開が必要であるとされている。そのために、学校が教師間でも、教師と子どもの間でも、自信をもって本音をいいあえる場となることを期待されている。そして、学校が学習にたいして厳しい場であるためには、児童生徒に求める前に、教師自身が勉強する場であることが必要であり、そこから、教師の研修においても、それぞれの教師が自主的に研修をしたいという意欲の盛り上がるような研修であることを求めている。教師や学校への現状への批判をこめつつ、強い期待がのべられている。

錯綜した教育状況のなかで、子ども、親、県民、そして教師の間にある矛盾、葛藤を正面からとりあげて、その克服、統一を求めていくという姿勢が、議会での答弁に一貫して認められるのである。

一九八八年四月の県教育委員会で先生が提示された所見「本県教育の五つの課題」には、教師と県民が協同して取り組むべき課題が簡潔に、構造的に示されている。

「学校が児童生徒に人間としての生き方を教える場であることの実践をすること」、「基礎学力の向上につとめること」は一人ひとりの教師の課題であり、そのために「教師の力量向上をはかること」が求められる。学校をそれにふさわしい場とするために「学校経営の弾力化、個性化をすすめること」が求められ、学校が変わることによって、「学校に対する親の信頼感の回復をはかること」が期待されている。

以上の五点が、長野県の教育課題として、教師、県民、そして行政の共同の課題として提起されている。教師と学校は子どもの成長のために力を注ぎ、行政はそのような教師と学校の努力を支え、父母と県民がそれを支えていくという教育の本来の姿が明確に描かれているのである。

臨時教育審議会、中央教育審議会によって、上からの教育改革構想が繰り返し示され、中央から地方へと伝えられてきた。「五つの課題」は、県において、教室と学校からの改革を呼びかけたものであり、この提言に対して、本書にその一端が紹介されているように、県内において広範な反応が認められたことは重要な意味をもつだろう。その関心がどのように持続し、具体的な方策が生み出されていくかということがつぎの課題となるのである。本書はその持続をささえる重要な手掛かりになると考えるのである。

3　発言の根幹をなすもの

この本には、以上の先生の発言の根幹をなす先生の経験、歩み、そして思想が凝集されている。

第一は、教師として、実践者としての歩みである。代用教員としてのスタート、そして召集。復員してからの新しい出発。指導主事、校長を含めて四〇余年の歩み。そこでの子ども、親との豊かな交流が、先生の発言を豊かで説得力のあるものにしている。

第二に、その歩みは、激動する昭和史と重なっている。師範卒業ではないことから、短期現役ではなく、正規の召集を受けて中国に派遣される。五年にわたる戦地の勤務は、朝鮮から軍属として召集された少年黄泰興君との出会いをもたらす。「植民地の少年」という固定観念を根本からくつがえす同君の教養と品格にふれて、先生の植民地認識、国家認識が変わる。先生自身その出会いを稀有の体験であり「私の世界観・人生観に計り知れないインパクトを与え」たとされているが、それはせまい国家主義、教育観をこえる体験として感動的である。

戦後の教育実践における「生活指導」への取り組みと、一九五〇年代半ばの教育政策の転換のもとでの「道徳」への転換のなかで、戦前の修身への逆行ではなく、生活指導の理念を現場の当事者として持続させようとした体験も歴史のなかの深刻な体験であった。そして、教育委員長としての一一年間もまた、歴史的といえる経験であった。このような多くの体験が歴史的な証言として示されるとともに、そこで学ばれていく先生の姿をうきぼりにするのである。

第三は、先生の人間としての形成の歩みである。御家庭での薫陶と飯田中学での伊藤先生との出会いは、先生の論語を初めとする中国古典の学習、書道の研鑽を動機づけている。昨年、先生を飯田のお宅におたずねしたとき、先生の応召に際して父上が贈られた書をみせていただいた。勝海舟が銘とした六然訓であった。

自処超然　処人藹然
無事澄然　有事嶄然
得意淡然　失意泰然

この書は、六〇年にわたって先生の座右にあり、また黄君と語り合った部屋にも掲げられていたとのことであった。人生の多くの辛苦の折に、この言葉は先生を支えてきたことだろう。そしてこの言葉がまさに先生の人格そのものを示していることをおもうとともに、親子における、そのような訓えの伝承にうらやましさを感じざるをえなかったのである。

そのような先生の自己形成の歩みを、ひかえめな表現をとおして、本書から読み取ることができる。

4　おわりに

この本が刊行される機縁は、先生が県教育委員長の任をおえられたことによるものであろう。委員長としての発言とその根幹をなすものが、ここにおさめられている。そしてその根幹は、先生の人生であり、人間であった。

委員長の職は県の教育の要である。その要の位置において思索し発言されたことは、長野県の教育をとらえる鍵となるものといえるだろう。しかし本書の意義は、単に役職上の意義に止まらない。歴史の中に生き、真摯に思索し、誠実に行動した一人の人間としての問題提起なのであり、それゆえに普遍性をもつのである。

私は本書に接することによって、このような教育委員長を選任し、一一年にわたってその職務を託したことは、長野県が誇りうることであり、「信州教育」がいまなお健在たりうることの証しであると考えさせられた。

この本がひろく読まれ、地域と学校に根をおろした教育改革の手掛かりとして活かされることを期待したい。


（一九九七年六月）

第三部　大学教師の「授業づくり」

1　大学での授業をどのように変えてきたか

京都大学高等教育教授システム開発センター「第五回大学教育改革フォーラム」での講演

一　はじめに

稲垣です。田中毎実先生から電話で依頼があり、「大学授業をどう変えるか」というテーマで講演をするようにということでした。私は講演は原則としてしないことにしています。また、「大学授業をどう変えるか」というテーマは、私にとっては気の重い、おこがましいテーマのような気がしまして、ためらいましたが、「私がどのように授業を変えてきたのか」ということなら話せるだろうし、自分の歩みとして、報告できるだろうと考えまして、お引き受けしました。

しばらくして、この「案内」が参りました。会の「趣旨」に大事な文言がありました。初等中等の授業研究では、研究者と実践者とが分離している。研究者は実践もしないで、授業もしないで、ただそれを対象化して分析するのが仕事だということですね。それに対して大学の授業研究では、それが一体化している。少なくとも、一体化しているはずだということです。そう単純には言えないんじゃないかという気持ちがありますが、私自身を振り返りまして、思い当たることもあります。確かに、実践者の授業を対象化して、それをもっぱら分析する立場だった時期がありました。それがどのようにこれまで変わってきたかということをお話しすることは可能だ。それがこの「趣旨」に出されている課題に答えることになるのではないかということで、今日の話を進めていきたいと思います。

簡単なレジュメを作っていただきました。㈡の「三六年の歩みと変化」というところでは、三六年間に私自身の授業がどのように変わってきたのかということをお話したいと思います。㈢の「考えてきたこと、考えていること」では、「趣旨」の課題に答えるつもりで話を進めることにいたします。

二　三六年間の歩みと変化

三六年間大学の教師をやって参りました。一九六三年に、さっきご紹介いただいた学位論文『明治教授理論史研究――公教育教授定型の形成』という、明治以降の授業の実践と理論の歴史的研究を仕上げまして、東北大学の助手になりました。

東北大学では学校管理という講座の助手を二年足らずつとめました。

一九六五年に宮城教育大学が新しくできまして、そこに赴任いたしました。そこでは教育史の講義を担当いたしました。これは、学位論文でやってきたことで、教育史担当の教師ということになります。

一九六七年から一九九三年までの二六年間、東京大学の教育学部で教育方法学第一講座を担当いたしました。東大の教育方法講座には二つの講座がありまして、第一講座は私の先任が細谷俊夫先生で、私が助教授になります。細谷先生が定年になられた後は、認知科学の佐伯胖さんが後任としてみえました。第二講座は、発達心理学の東洋さんと、現象学的心理学の吉田章宏さんです。多様なメンバーが学校教育の教育方法講座に集まっていました。これは今日のテーマであるファカルティ・ディベロップメントとも関係があると思いますが、異なった専門の人たちが集まって、学生と、授業という実践の事実をもとにしながら研究をするという、そういう講座に二六年いたということは、私にとって非常に有り難い経験だったと考えております。東大に移りますと、すぐに紛争になりました。これは罰があたったなと思っていたわけですが、二六年をふりかえりますと、そういう多様なメンバー、混成群の講座にいたということが、私にとっては幸運だったと考えております。

その後、滋賀大学に五年間おりました。これは教育哲学というポストでしたが、教育実践研究ということで教育哲学の講座を担当しました。

昨年から、帝京大学文学部教育学科におりますが、ここでは、専攻してまいりました教育方法を担当しております。

このような三六年間にやってきたことを申しますと、第一は教育方法の歴史的研究です。二番目が授業研究で、三番目は、これは一九七四年に在外研究でアメリカ、イギリスに行き、それ以降のことですが、アメリカ、イギリス、日本の授業と学校の比較研究です。四番目に、教師研究がテーマになりました。つまり授業の担い手である教師の研究、とくに教師のプロフェッショナル・ディベロップメントをテーマとしてきたということになります。

私の授業が三六年間にどのように変わってきたかを話すために、時代区分ということではありませんが、順をおって四つの柱で話させていただきます。

1　「伝統」としての講義形式

まず、「伝統」としての講義形式と書いておきましたが、一九六五年から七〇年代のはじめにかけての講義は、私が学生の頃に受けた講義の形式を踏襲するという形だったと思います。私は新制大学の三回生になりますから、私が大学で講義を受けた先生方はだいたい旧制帝国大学の先生でした。旧制の大学の先生の授業を受けて育ち、教師になったときには、それをモデルにしながらやっていたということになります。講座制、つまり、文部省によって認定された学問研究の単位として講座が存在し、authoritative truth、すなわち権威づけられた、学問的権威に基づく内容を学生に伝えていくということが、当時の学問、講義の考え方であり、私たちが受けた講義は、そういうものでありました。私も教師になりましてから、講義のための準備をするというのが中心的な仕事でありました。authoritative truth を講義しなければと一所懸命に研究をまとめて、ノートを作って、学生に講じていくというやり方でした。最近、たまたま昔の講義ノートが出てまいりまして、それを読み返しますと、けなげに勉強をしていた、つまり authoritative truth を求めてのノート作りを頑張っていたという気がいたしました。そういったのが出発点の講義でありました。

2　講義の見直し

一九六七年に東大に移り、七四年から五年にかけて在外研究にでかけました。この一九六七年から七五年頃にかけて、私自身の授業観に大きな変化があったという気がいたします。その変化の動機として「授業研究への参加」、「東大紛争」、「在外研究」の三つの項目をあげておきました。

「授業研究への参加」ですが、専攻は教育方法研究ですから、実際に学校で行われている初等教育、中等教育の実践をどのように変えていくのか、そのための教師のプロフェッショナル・ディベロップメントが教育方法研究の課題だと考えていました。そのような考えから、現場の先生方との、とくに初等・中等の先生方との研究会に積極的に参加しました。その頃、斎藤喜博さんという授業研究において影響力のある先生がおられ、斎藤喜博さんたちと一緒に、「教授学研究の会」という実践者と研究者との共同研究の場をつくりました。そこで、先生方の実践を対象にしながら、研究者と実践者が共同で研究をすすめるということを続けて参りました。こういう研究会は、一九六〇年頃の日本の現場にはかなり普及していました。実践検討会という名称でしたが、いくつかの県で教員組合の教文部が中心になって、教師の力を高めるために、実践に基づく研究をやろうという動きが活発でした。そういった動きを背景にしながら、実践者と研究者の共同研究を意識的に組織したのが、この「教授学研究の会」でした。

東大に移りましてすぐに、第三土曜の会という場をつくりました。これは、小学校・中学校・高校の先生方が、自分の実践を持ちよって、それをもとに、研究者やいろいろな学問分野の専門家が集まって、検討するという会で、私の東大の定年まで、二六年間東大の研究室で続けて参りました。これにはひとつのモデルがありました。私の先生は海後宗臣先生という教育史の先生ですが、先生は、戦後ずっと大学で第一月曜の会という、現場の先生との研究会を続けておられました。

第三土曜の会では、始めの頃は授業をテープレコーダーで記録し、テープで聞いて検討するということとをやっておりましたが、一九七〇年代の終わりからはビデオを使って、映像をもとにしながら研究するという方式ができて参りました。

授業研究の歩みをふりかえりますと、当時、五大学研究という共同研究がありました。一九六〇年代前後に、教育方法が教員養成の重要な学科目として位置づけられるようになりまして、教育方法学を、学問として確立しなければならないという意識が、講義の担当者の間に出てきたんですね。その頃、ポーランドのオコンの『教授過程』という授業分析の本が出たり、あるいはブルーナーの『教育の過程』が出て、授業研究への関心、とくに実証的な授業研究への関心を深めてきたという動きがありました。五大学というのは、北海道大学、神戸大学、広島大学、東京大学、名古屋大学の五つの大学で、研究者を主体とする共同研究でした。私自身はそれには参加せず、実践者との共同を重視していました。その頃、教育工学研究が盛んになり、教育方法研究にも影響を与えました。教育工学は、数量的な研究が中心ということになりますが、教育方法研究における数量的な研究と質的な研究をどうとらえ、どうつないでいくかが、当時の議論になっていました。それは、私にとっても課題の一つでした。

それから、「東大紛争」です。一九六八年からですが、講座制や伝達的な講義への批判が、学生から出て参りました。「専門馬鹿」、つまり学問がアクチャリティを欠いているという学生の批判が、紛争の中で強く出て参りました。私は学生とよく議論をいたしました。この人たちは現在五〇代前半の人たちになりますが、学会で活躍している人たちが多い世代です。私自身は実践の場のアクチュアルな問題とつながりながら、研究をしているという自負があったものですから、盛んに学生と議論をしたことをなつかしく覚えております。

三番目は「在外研究」です。一九七四年から七五年にかけて、アメリカ、イギリスに滞在しました。一九七四年の七月に出発しましたが、その直前に、OECDのCERIという教育研究革新センターのセミナーが東京で開かれました。これは後に有名になったセミナーです。同僚であった発達心理学の東洋さんが、セミナーのオーガナイザーの一人で、相談を受けたときに、はじめの計画では研究者ばかりの会でしたが、ぜひ実践者も加えて、実践と研究とをつきあわせるセミナーにできないだろうかと意見を申しました。武田常夫さんという、斎藤喜博さんの学校で教師をされた方に正式のメンバーに加わってもらい、報告をしてもらいました。その時に、その部会でイリノイ大学のアトキン教授が報告をされ、カリキュラムや授業研究の方法論として、羅生門アプローチと工学的アプローチという二つのモデルを提出されました。当時、教育工学では、形式的なリニアーな授業分析の方法、授業のスキームを決めて数量的な分析をするという方法が流行っていた時期で、日本でもそれが流行していました。羅生門的アプローチというのは、それに対して、実践をもとにしながら、実践を多様な自由な目で見て、それぞれの判断、分析を相互に交流しながら、研究を進めていこうという質的なアプローチです。黒澤明の映画「羅生門」からきた名前で、現在ではアメリカでも通用する言葉になっております。羅生門的アプローチというのは、実践検討会やカンファレンス的なアプローチだと言っていいと思います。アトキンさんの報告をきいて、意を強くした記憶があります。

アメリカに参りまして、私はもっぱら学校に行って、授業の観察をやりました。あとで報告される米谷淳さんが田中毎実さんの授業を観察なさるように、アメリカの学校、特にオープンスクールとか、総合学習的な授業の現場で観察し、記録することを続けて参りました。そのうちに、向こうの学校で授業をするようになりました。はじめは、「日本とアメリカ」とか、「日本の文字」をテーマにしながら授業をしました。それまで日本では授業をしなかったのですが、アメリカに参りまして、見てるだけではつまらないものですから、時間をもらって授業をするということをはじめました。また、アメリカの大学で、講義に出る機会もありました。

長くいたのは、オハイオ州のオバリン・カレッジという、リベラル・アーツ・カレッジでした。日本の桜美林大学は、オバリンからきた名前です。そこで、講義に出て、日本の講義とかなり違うというふうに感じました。例えば、教育心理学の講義で、individual difference がテーマのとき、学生に子どもの観察を事前にやらせるんです。学生が一人ずつ、特定の子どもと友達になって、その子どもを見て、その報告と講義とを結びつけて議論するというのが講義の形式でした。もし身近にそういう子どもがいない場合は、先生が紹介して、つなげていくということまでやっていました。そういう形で、スペシフィクな、特定の子どもの事例を持ちながら理論を学んでいく、研究していくというのが、講義のスタイルでした。デューイがリベラルアーツというのは、学生をリベレートする、自由にするという意味なんだということを言っていますが、これがまさにリベレートしていくことなんだなと思いました。具体的なケースを持ちながら、理論を学ぶことによって、学生が開かれていくという、そういう学習だと印象づけられました。

私が大学の教師の出発点においてやっていたのは、authoritative truth の伝達ですが、これは、いわば、ever-increasing truth と言っていいと思います。開かれていく真実をもとめての授業の形態だと考えたわけです。authoritative truth と ever-increasing truth という対比は、政治学のマッキーバーが、

“Academic Freedom in Our Time” という本で使っていて、私の好きな言葉ですが、我々が受けてきた講義、あるいは私がやっていた講義は、authoritative truth の講義で、それに対して、学生を軸にしながら、ever-increasing truth にむけて開いていく、そういう学習の形態がそこにあると印象づけられたわけです。

「授業研究への参加」、「東大紛争」、「在外研究」の三つが、私のそれまでの講義の形態をゆさぶる契機になりました。

3 授業の Conference, Case Method

日本に帰って参りますと、私が参加していた「教授学研究の会」がどんどん大きな会になっていました。夏休みの会になると、五〇〇人から六〇〇人ぐらいの集会になるんです。現場の先生が中心ですが、そこに、研究者が加わる。「教授学研究の会」は、研究者と実践者が対等の形で、共同で研究する場というように私は考えていましたが、そういうふうに大きな会になりますと、実践の報告者とそれをコメントする研究者という、役割の分化がおきてきました。そうすると、なんとなく居心地が悪くなってきました。報告された実践についてコメントを求められる。自分が実践していない、自信のないことについてコメントを求められる。研究や実践の事例をひいたり、歴史的な事実をもとにコメントしていたわけですが、自分としては落ちつきが悪いという気持ちを強く持つようになりました。

その頃、ある先生の授業についてコメントをして、わりにクリアに説明できたなと内心悦に入っていたんですが、そのあとで、対象になった先生が、私にそっと、「私たちのやったことがただちに意味付けられ、位置付けられるんですね」と言われました。それが私にはショックでした。実践の内側には入らないで、外側からそれを整理する役割への批判、実践者からの批判として、その言葉を受けとめました。苦労して実践したものがただちに整理されていくということ自体がおかしいんじゃないかということを突きつけられた気がしました。そのあとで、その会から離れることになりました。そういう大きな会ではなく、第三土曜の会という、大学でやってる、内輪の研究会を大事にすること、そして学校でやられている授業研究に、講師としてではなく一員として参加するというスタンスをとろうと考えるようになりました。そこでは、居心地がよく、勉強になります。それまでの居心地の悪さから自由になりました。

そのような小さな研究会、学校の研究会はどういう特徴を持っているかということを、ここで考えておきたいと思います。まず第一は、必ず実践のケースを研究の対象にするということですね。Case Method という言葉がつかわれていますが、具体的な事例を中心にする。第二に、それは実践者にとっても研究の場である。実践者がその実践を反省し検討することによって、自分を変え、成長していく場という特徴を持っている。第三に、それは、実践者と研究者との共同のリフレクションの場であるということですね。先ほどの羅生門的アプローチにつながりますが、自由に多様な角度から、それぞれに自分をかけて、その事実と向き合って分析し、表現し、参加者相互の間にインタラクションが起きてくるという、そういう交流の場であるということが大切だと思います。そういう場では、研究者も実践の alternative を考えるわけですね。これはどうすればいいだろうかという代案を考えるようになる。研究者としてというより、一人の人間として、自分ならどうするかという形で alternative を考えるようになってくる。それからさらに、必要があれば自分でも自然に授業をするようになりました。例えばある実践について議論して、教材の解釈とか、方法についての問題が浮かび上がったとき、じゃ私がやってみましょうかということで、クラスを借りて授業をすることが、自然にできるようになって参りました。実践者と研究者が分離していたのが、そういう場でだんだんに重なってきたと言ってもいいかもわかりません。別に、立派な決意があってそうしたのではないんですが、そういう場に参加することによって、それが自然になってきたと言っていいでしょうか。

そのようなカンファレンスでの経験を、ゼミでも活かすようになりました。学生のゼミでも必ずケースや資料をもとにする。またそういうゼミに現場の先生にも加わってもらう。東大には派遣生として現場の先生がみえていましたから、ゼミや研究会に加わってもらいました。これは一五年ばかり続けたゼミですが、教育方法のスタッフが全員で伊豆の狩野小学校に学生を二〇人ばかり連れて行って、そこで学生が授業をし、それを一緒に検討するというゼミを続けて参りました。それは有効な教育の機会であり、またわれわれスタッフにとってファカルティ・ディベロップメントの場になっていたと考えております。

一九八三年から八六年にかけて、ゼミで『授業研究モノグラフ』という報告書を出しました。同じ学校で同じ学年の二人の先生に同じ教材で授業をやってもらう。それをビデオで記録し、そのプロトコルをおこします。次に二つの授業を見た学生、派遣生、教官が、ナイーブな感想をまず第一段階として書く。それから様々な分析のツールを使ってそれを分析します。分析の方法としては、量的なフランダースのインタラクション・アナリシスもありますし、現象学的な方法もあります。質的な研究、量的な研究など様々な視点、方法で、二つの授業を考察して、その授業の何が見えるのか、その考察が授業をやった先生やそこに参加した先生にどのように役立っているかを、考えることを授業研究として続けました。これは、田中さん、米谷さんたちがなさっている研究と共通するものと考えております。そういった方法を、一九七〇年代の終わりから授業の conference と名付けることにしました。これは、医師やカウンセラーの conference から来るわけですね。病院で医師が集団で、診断や評価の conference をやる。conference によって医師としての professional development、専門家としての成長が可能となり臨床と基礎が結びついていく。このような conference を授業研究において取り入れることができないだろうかということで、授業の conference を考えたわけです。これはどこの学校でもやろうと思えばできるわけですね。学校は、どこでも集団として先生方がいらして、子どもを共有し、教材やカリキュラムを共有されているわけですから、conference をやりやすい条件を持っている。そういった研究会を授業の conference と名付けて、学校で先生方と一緒にやるということを続けてきました。

一九八〇年代の半ばから、スタンフォード大学の Shulman 教授が、学会や現場に広く影響を与えた論文を発表されました。一九八六年の "Knowledge Growth in Teaching" と八七年の "Knowledge and Teaching: Foundations of Reform" です。この二つの論文は、教師の professional development、事例研究を通しての教師の成長をテーマにした論文です。アメリカで、教育関係でもっとも広く読まれた論文と言われていますが、これを読みまして、同じようなことを考えている人がいるんだなと思い、意を強くしました。Shulman さんが一九九二年に日本にみえたときに、東大で話してもらいました。その時の話ですが、Shulman さんの出発もやはり医学教育なんですね。ミシガン・スティト・ユニバーシティにおられたとき、医学部のスタッフに頼まれて、医学教育改革のグループに加わり、ディスカッションをして、医学教育のカリキュラムをつくられた。それが、教師教育における case method の出発点になったということでした。これは、いい本で、Shulman さんたちの“Case Method in Teacher Education”が一九九二年にでました。これは、professional development、事例研究を軸とした教師教育が主題です。

事例研究というと、それ以前に経済学のビジネススクールとか、法学のロースクールとか、ハーバード大学を中心に実践が行われていて、それが医学教育、そして教師教育へと広がってきた。そういう事例研究、conference が、一九八〇年代にアメリカ、日本の教育研究で広まってきたと言っていいと思います。出発の時期としては日本の方がかなり早かったと思いますが、向こうの方が伝わり方は早いですね。さらに、アメリカでは Professional Teaching Standard という教師の実践的な倫理基準、教師は profession、専門的職業としてどのような力量を持つことが必要かという綱領が作られております。

4 教師教育への参加

これは滋賀大学におりました五年間のことです。東大で二六年間教育方法の講座にいましたので、定年後は元気なら、教師教育を実際にやってみたいという希望をもっていました。東大の時にも現職教育としては、学校に行ったり、先生方の研究会で一緒に研究をやっていましたが、教員養成の大学は宮教大創設期の二年間しか経験がありませんでした。縁があって滋賀大学に参りました。

この五年間はあまりよそに出歩かないで、もっぱら滋賀大学と滋賀の周辺の学校に通い、研究会に参加するということで過ごして参りましたが、いろいろ勉強になりました。

ひとつは、現職の大学院生との研究です。実践者としての院生のテーマを、どのように研究として発展させていくのかということが、指導する教師の課題になるわけで、これはそれまで以上に真剣勝負でした。自分の知っている理論や方法を押しつけて、これでやりなさい、ということなら簡単だと思いますが、現職者の実践者としての関心、問題というものを、どういうふうに主題化して、説得力のある研究として仕上げさせるか、それへの援助をどのように行うかということは、緊張感のあるスリリングな仕事でした。

有難かったのは、そこでの研究や指導が実践にいかされていくことです。例えばイギリスのトピック学習の実践を演習のテキストとして使っていましたが、現職の院生はそれを非常に身近なものとして、自分の問題として読んでくれます。そのテキストの価値がきちんと通じますし、さらに、現職に帰ってから、それをもとにして、自分の実践を発展させてくれます。そういう意味でやりがいがある五年間でした。

また学部の学生の講義やゼミに、現職の大学院生に加わってもらいました。そこでは教師を経験したことのない学生と、現職の教師の対話、交流が成立します。これは、学生にとってプラスであるだけではなく、先生達にとっても、重要な反省の機会になります。学生のナイーブな発言、つまり、学生の方が生徒に近いわけで、そのような生徒の立場からの発言が、現職の先生、特に一〇年以上たって少し殻ができかかっている先生にとって刺激になるという関係を生み出すことができます。そしてそこに我々教官も加わっていく。そのゼミには、私一人ではなくて、三、四人の教官が一緒に参加していましたが、それがひとつの staff development、faculty development の有効な場になっていたと思います。

それから、学校での conference への参加です。学校から講演の依頼があったとき、講演はしませんけれど、学校に行って、授業を見て、その授業の研究会をやる、つまり、事例研究をやるなら、喜んで参加しましょうということで、県内の各地の学校に行っておりました。

それから、滋賀大学には、付属の実践センターがあり、そこの主催で、第三土曜日に現場の先生たちが集まり、研究会が行われておりました。

明日は、滋賀大学で現職の院生だった教師を中心とする第一土曜の会があり、明後日は滋賀大学ゼミの延長の研究会、「イギリスのトピック学習に学ぶ」研究会があります。そういった形で縁が続いています。

最後に、帝京大学での実践ですが、これは一年が終わったところです。初めての私立大学で、学生の数が多く、一五〇人から二〇〇人くらいの講義を、どういうふうにやるかということで、一年間苦心して参りました。演習も五〇人なんですね。五〇人の演習をどういうふうにしてやるか、これもひとつのチャレンジです。教育方法の教師として、音をあげることはできませんので、そういう条件の中で何ができるか、苦労しているところです。

以上、三六年間の歩みを、大急ぎで報告いたしました。

三　考えてきたこと、考えていること

最後に、「趣旨」に書かれている問いかけに答えて、考えてきたこと、考えていることを話すことにします。四つあげてみました。

（Ⅰ）まず、一番目は、実践者と研究者との関係をどう考えるかということですね。私自身、実践者との共同研究に長い間参加してきました。始めは実践を外側から、対象化して考察する立場、理論化する役割ということを、強く意識していたと思います。この「趣旨」に書かれているとおりです。考察するベイスとしては、理論史や実践史にもとづきながら、これはこういう意味があるんじゃないかというかたちで、コメントしたり、分析していたと思います。しかし、ある時期から、実践を対象化した考察に居心地の悪さを感じるようになったというのは、先ほど申しました。「たちまちに意味付けられてしまう、たちまち分析されてしまう」というコメントを実践者からもらったということがありまして、いっそう居心地が悪くなってきました。そこで、参加する場を限定して、小さなグループや学校でのカンファレンスに加わることに限定し、そのことによって落ちついてきたという気がいたします。そのようなカンファレンスという場の特徴として三点をあげたいと思います。

第一は、実践者の professional development を目的とする場ということです。研究会の目的、研究の目的は、実践者の成長が基本的な目標であると考え、その上での、実践者と研究者との交流の場であるということです。

第二は、事例、事実を中心にするということです。実践の事例、実践の事実を中心にしながら、実践者や研究者が、星座のような形で、様々な位置、立場からそれを見て、それぞれに考察する。そして、相互に交流し合うという関係、コンステレイションと言っていいと思いますが、星座的な形での相互交流の場という特徴です。羅生門的アプローチというのも同様の性格を持っていると言っていいと思いますし、conference では、そういう関係が重要だと思います。

第三に、conference では、参加者の経験の重なりにおいて接点があるんだと考えます。研究者と実践者と対比されるけれど、重なり合う経験は、持っている。それを大事にしながら、意識化していく、広げていくことが重要だと思います。経験の重なりというと、根底には人間としての共通性、人間として学ぶということの共通性がありますね。学びの共通性、研究の共通性、それから、研究者も必ず教えるという経験はもっているわけですから、そこのところでも共通性がある。その重なりを、拡大していくことが、研究者と実践者との関係を深めるために重要だと考えます。

（II） 二番目に conference, case method の意味をあげました。先ほど conference は professional development を目的とし、実践のリフレクションを通しての development が大事だということ、それから、集団としての共同のリフレクションであり、それによって、お互いに触発し合う場であるということをあげました。さらにそれに加えて、やや大げさな言い方になりますが、ひとつの思想的というか歴史的な意味があると思います。Shulman が case method に関する論文 "Case Methods in Teacher Education." の中で、Toulmin という人の主張を引用しています。Toulmin は、一九四九年に、"The Place of Reason in Ethics" という著作を出しています。そこでは、倫理学的な判断というものが、近代に入って、ひとつの原理とか原則に基づいて、考察、分析されるようになってきたのだが、倫理学の歴史で見ると、特定の事例をもとにしながら、善や悪を判断するという歴史が長かった、それが近代主義、近代合理主義のもとで、ひとつの原理で、科学化、定式化を志向することによって失われてきた。そのような傾向に対して、特定の事例、case というものを重視することを、もう一回考えなければならないとしています。casuistry という言葉を使ってますけれど、事例に基づいて判断する方法と言っていいと思います。Shulman さんは、case method はまさに casuistry であって、その case に即して考えていく、考察するということを、大事にしなければならないと主張しています。Toulmin は、一九九〇年に“Cosmopolis”という本を出しています。そこでは一六世紀の人文主義的な近代と、一七世紀の合理主義的科学主義的な近代とを対比させながら、現代の科学観が人文主義的な近代というのを無視して、科学主義に偏っているという批判を提出しています。そういった思想が、Shulman さんの case method の背後にあると思います。授業を見るときに、ひとつの形式的な科学主義で分析するのではなくて、case の特定性、個別性、その文脈を大事にしながら考察することの必要性という提言だと思います。

ところで、日本の授業研究の歴史を振り返ってみますと、明治一〇年代から授業研究が学校で行われていました。それは事例研究に近いような形で研究は行われていた。教育方法研究に科学主義が持ち込まれてきたのが、一九六〇年頃からの動きなんですね。conference、case method というのは、それを問い直していく方法だと申し上げていいと思います。

(Ⅲ) 後は大急ぎで話すことになりますが、三番目に初等・中等の授業研究と大学の授業研究の関係ということになります。授業と授業研究において、初等・中等と大学との区別を、私自身はあまりしなくなってきたように思います。学びとしては共通だし、連続している。アメリカでもイギリスでも、学生、生徒のことを student で統一してますね、日本では、児童、生徒、学生というふうに段階をつけますが、幼稚園の子どもでも student、学ぶ人なんですね。最近のように自己学習力が、初等・中等において強調されてくると、その区別はなくなってくるというふうに思います。授業研究を進める中で、私自身は、初等・中等と大学という区別をあまり考えなくなってきたと申し上げていいと思います。

(Ⅳ) 最後に、四番目としてそれぞれの場での授業開発ということをあげておきました。授業というのは、大学でも小学校でも、特定性を持っているということですね。そこで学ぶ学生、生徒はスペシィフィックであり、教える内容というのは必ずある特定の内容を学ぶわけですから、これもスペシィフィックである。それから教師も必ずスペシィフィックな固有名の存在ですね。それぞれの過去や、それぞれの研究歴、経験を持ったスペシィフィックな存在です。学生、内容、教師が、それぞれにスペシィフィックであるということ、これが出発点ではないかと思います。そうすると、一人一人が大学の教師として、小学校の教師として、それぞれのスペシィフィックな条件の中で、何を創り出していくかが課題になってくる。そして、そこで創り出したものを交流しつつ、方法を鍛えていく。リフレクションをとおして方法を鍛えていくということが、我々の development にとって重要だと考えております。

東大にいたときは、先ほど申しましたように、学科に様々な専門を持っているスタッフがおりました。これは学び合うのにいい条件でした。それから派遣生、学部学生、大学院生という三種の学生がいたということもプラスの条件でした。それから、さらに総合大学ということで、他の学科、他の学部の力を借りるということもできました。そういうことを生かしながら、そこで、それぞれに、それぞれの場での工夫をするということは、誰でもがやろうと思えばできることとです。滋賀大の場合も、学生と現職の大学院生と、それから教官がいて、その三つが交流するような形で学び合うということができました。

三六年間、自分がどのように授業を変えてきたのか。帝国大学時代の先生の authoritative truth の伝達という授業から、どういうふうに授業を変えてきたかということを申しました。ひとつひとつスペシィフィックな授業というものを作りながら、それを事例研究、カンファレンスで検討しながら、反省をとおして自分を鍛え、ディベロップさせていくことが、現在、大学改革において関心をあつめている faculty development のエッセンスだと思うのです。

『京都大学高等教育研究　第五号』（一九九九年三月）

＊原題は「大学授業をどう変えるか――研究から実践へ」

2　滋賀大学教育学部の五年間

一　喜劇にならないように

一九六七年から二六年間、東京大学教育学部（教育方法第一講座担当）につとめた後、この四月から滋賀大学教育学部に着任している。東大紛争の直前からの二六年間は、あわただしくすぎた時間だった。大津に移ってまだ半年もたたないのだが、三井寺のふもとに住み、昔なつかしい京阪電車で石山寺まで行き、瀬田川沿いに大学に通うコースと、大学での新しい生活が気にいっている。秋には大津と山科の境に住むことになる。これも楽しみである。これまでの私の居住地のキャリアを紹介すると、広島県呉市（一二年）、山口県萩市（三年）、静岡県沼津市（四年）、東京（一二年）、仙台市（四年）、東京（二六年）となるから、今回は出身地に近づいたことになる。これもうれしいことの一つである。

東京の生活と比べての大きなちがいは時間の感覚である。講義の準備や学生とのつきあいも、ゆったりとできるようになった。多分、東京では「時間どろぼう」に盗まれていたのだろう。

研究の紹介にうつると、これまでやってきたことは、大きくは四つになる。第一は学生時代からのテーマである教育方法史研究で、教師の実践、とくに授業の歴史研究である（『明治教授理論史研究』）。第二は授業の事例研究であり、臨床研究といってもよい（『シリーズ授業――実践の批評と創造』河合隼雄・谷川俊太郎他と共編）。第三は授業、学校の日米英の比較研究である（『アメリカ教育通信』、『子供のための学校――イギリスの小学校から』）。第四は教師研究である（『教師のライフコース――昭和史を教師として生きて』寺﨑昌男他と共著）。

以上の研究を背景にして、これからは教師教育の実践に参加することになる。それは永年の希望がかなうことであるが、同時にきびしい試練でもある。教育方法学として研究してきたことが、肝心の教師教育に通用しないとすれば、これまでの三〇年間はほとんど意味を失うことになるではないか。それは悲劇というより喜劇に近い。楽しんでばかりはいられないのである。

『滋賀大だより』第四二号（一九九三年一〇月）

二　新しい教師像の探求――実践者＝研究者としての成長を期待して――

1　はじめに

日本教師教育学会には、一九九三年に滋賀大学教育学部に着任してから入会した。教師教育に直接に携わってから入会しようと考えていたからである（「日本教師教育学会に期待する」『教師教育研究年報』創刊号）。

それから四年がたった。四年間の体験にもとづいて、「教師像を考える」というテーマで、なにが発言できるだろうか。

「教師像」を、総論的に論じるのは、はなはだ苦手である。短期間ではあるが、私の現場での経験をベイスにして、期待したい教師像、実践者＝研究者としての教師像の形成について考えることにしたい。

滋賀大学で体験した教師教育は、大別して三つある。第一は学部学生の教員養成であり、第二は大学院生の教育であり、第三は県内の学校での校内研修への参加である。

第一については、試行錯誤の連続であり、まとまった発言にはならない。担当している課目は、一年目は一〇〇人を大きくこえる講義か、五・六名の小さな演習だった。しかも教員採用の厳しい時期とあって、学生の志望も不安定である。同僚と相談して、二年目からは、「授業の事例研究」を開講し、教師教育を一歩ふかめようとしてきたが、その詳細は同僚である堀江伸氏が『滋賀大学教育学部紀要』で報告を予定されているので、ここではふれないことにする。

第三については、東京大学教育学部にいたときから、発表してきた試みの継続である（『授業研究の歩み——一九六〇—一九九五年』評論社、『授業研究入門』岩波書店）。

ここでは、私にとって新しい体験であり、現在の教師教育にとって重要と考える、第二の、現職者の大学院教育に焦点をあわせ、そこから考える教師像についてのべることにしたい。それは決して消去法による選択ではない。すでに多くの院生や修了者があり、今後の教師教育にとって大きな可能性をもち、そして、その教育の質をめぐる論議が必要な分野であり、さらに、広く教育改革にとっても重要な意味をもつテーマと考えるからである。

2　現職教育としての大学院の意義

大学院では、必修科目である学校教育総論、特講、演習、論文指導を担当している。このほかに学部と共同の「授業の事例研究」がある。これらの講義等での経験にもとづき、期待する教師像を考えることにしたい。

現職の院生の多くは一〇年前後の経験をへて入学する。その強みは、なによりも自らの実践体験にもとづいて考え、発言できることである。実践に根をおろし、具体的なイメージをもって議論できる。しかし、反面そのことが弱点にもなる。現在の学校の常識や文化になじみ、そこでの研修のパターンが身につき、研究に必要な追求をさまたげることにもなるのである。

たとえば、「新しい学力観」「個性」「生きる力」といった言葉が、内発的な研究の対象としてではなく、外側から要請される課題として、教育界の通説としてもちいられることが多い。またレポートや、論文の文章も、学校の紀要や委員会むけの報告書にみられる形式的、表層的な記述になりがちである。授業研究での発言も、校内研修でありがちな、当たり障りのない外交辞令か、指導主事の批評にみかける外在的な批判になる。このような特長を、文章や発言にそくして吟味し、根拠と論理を確かめていくことが必要になる。

もう一つの課題は、研究が自分自身のためのものになることである。「個性重視」や「新しい学力観」といった、流行の研究課題にあわせた研究や、論文としてまとまりやすいという理由からテーマを選択するのではなく、自分の課題や実践を見直し、発展させていくための研究に転換していくことが重要である。

そのような転換により、自分自身のテーマが明確になると、現職者のもつ強みが発揮される。滋賀大学では、現場をはなれての研究は一年間であり、あとの一年間は職場に帰り、論文をしあげるというきびしい条件であるが、よく頑張ったものと感心させられる論文が多い。

いくつかの例をあげよう。

野瀬薫氏のテーマは斎藤喜博研究だった。実践者としてのライフヒストリー研究であったが、教職歴八年の野瀬氏は、斎藤の教師としてのスタートから、一〇年間の歩みを克明にたどることに重点をおいている。初任期に出会った困難、先輩や同僚との出会い、参観した大正新教育の系譜につながる学校の実践、そしてそれらを参照しつつ教室での実践を発展させていった歩み。その研究は、斎藤の歩みを野瀬さん自身の歩みとつき合わせつつ考察して行くことにより、斎藤のリアルな自己形成をえがいていた(「研究ノート・戦前期における斎藤喜博の教育実践の形成と大正新教育の影響」『教育学研究』第六二巻四号)。

教師歴二〇年になる細江かよ子さんの「授業の事例研究——初任教師とベテラン教師の授業の比較的考察」は、二〇年間に自分が体験してきた授業研究の方式とその理論をたどり、その検討のうえに、自分の方法で二人の教師の授業の比較的考察を行っている。二〇年間の体験と、実践者の立場からの理論の検討にもとづく視点は、授業の事例の考察において説得力のあるものであり、私も学ぶことが多かった。

一九九六年度終了の五人の現職者のテーマは、「日英における単元学習の比較研究——WATER の学習を中心に」「小学校理科『燃焼』の教育内容・指導方法の変遷」「小学校算数科『分数指導』の歴史的・比較的考察」「留岡幸助の教育の中に見る懲戒・懲罰観の研究」「ライフコース・アプローチにもとづく看護婦の生涯学習過程の研究」である。いずれも教科指導、生徒指導、看護婦教育という実践を中心に、歴史的・比較的・社会学的考察によって、自分の実践観を広め、たしかめようとするものであった。

以上は教育学専攻の院生の例であるが、教科教育専攻の院生においては、さらに実践に即した研究をおこないうる条件がある。実践というベイスをしっかり持つことにより、理論的考察がそれとかみあい、深められて、そこに新しい理論が形成されていく可能性があると考えるのである。

3 ある院生のリポートから

今年の二月に、福井大学教育学部大学院に「教育方法特論」の集中講義にいった。中学の数学教師である柳本氏のリポートの一節は、現在の現場での研修の状況と、これからの研究の課題をしめしていた。

「現在の教育研修制度は、トップダウンの形で行われています。研究会でも、ほとんどが、指導助言者という席を設けています。そこでは文字通り、指導という形で、何かの研究手法や理論が引用されたり、言葉だけがひとり歩きすることがあります。」「実践の理論化、理論の実践化と言うときの、〈理論〉もそのような言葉の一つです。現場にいると、教育学の理論、心理学の理論にある種の幻想を抱いてしまう傾向があります。大学の研究室には、何か素晴らしい答えがあるかのような印象を持っている人が少なくないように思います。または、研究には、全く背を向けてしまっている人もいます。〈理論〉の受け止め方は、現場の教師によって違います。また、大学の研究者によっても違うとおもいます。授業研究を媒体として大学の研究者と現場の教師が共同で作り出して行く〈理論〉と、今日、実践の理論化、理論の実践化と言われるときの〈理論〉とは、まだまだ隔たりがあるのではないでしょうか。理論の実践化というときには、机上論の安易な実践化や、子供の学びと離れた理論の実験・検証としての〈理論〉が多く残っているように思います。また、実践の理論化では、「この単元ではこう教える。こうすれば、子供はこうなる」といった観点に偏りすぎた〈理論〉が多いように思います。私たちが目指している〈理論〉は、これからつくられていくものだと思います。」「このことを、しっかりと認識できるためには、私自身、大学院へきて学んだことが必要でした。(福井大学の)先生の現場との関わりを重視した見識にもとづく講義があればこそと思います。」「できるだけ、多くの教師がこのような講義・研修の機会をうることができればよいとおもいます。」

長い引用だが、現職者にとっての大学院での研究の意義と、そこで求められる理論とは何かが明確に述べられていると思う。そしてそれは、福井大学の教育学教室の教官の実践の結果なのだと思う。

かつて、林竹二は、教師にとって、大学は二度学ぶところであるといったが、それに値する大学院の創造が課題となるだろう。すでに、すべての国立の教育大学・学部に修士課程がおかれ、博士課程も設置されようとしている。実践をベイスにした研究者の形成は、現場における教育研究、校内研修の質を変えていくとともに、さらに教育研究の質を変えていくものとなるとおもう。

4　研究者像も、問われているのではないか

以上では、大学院の現職者に焦点をあてて、これから期待される教師像についてのべてきた。それは

現在の、そして今後の教師教育にとって重要な領域とかんがえるからである。そして教師像を問うということは、あらためて研究者像を問うことではないだろうか。

実践者が課題とすることを、実践に即して理論的に考察し、実践者としての納得と共感のもとに課題を発展させることは、決して容易なことではない。それは研究者にとって、実践を、その内側と外側の両方から考察し、実践者とともに追求する、研究者としての実践であり、そのような実践をとおして研究者としての成長が可能だろう。

現存する研究者と実践者の間の溝、研究者養成と教師養成との溝は、歴史的、制度的なものである。現場からの研究者形成が充実し、その経験と研究が教師教育に生かされていくことが必要であり、それとともに、研究者が実践者との共同により、研究と理論の質を変えていくことが重要だろう。それは教育実践研究の領域において、とくに求められることである。そのような共同が実質化されることなく、教育大学での博士課程の創設が旧来の研究観のままでいそがれるならば、実践と研究との溝はかえって深まることになりはしないかという懸念を抱くのである。

教師像の追求は、研究者像の追求と不可分のものといってよいだろう。

『日本教師教育学会年報』第六号　(一九九七年九月)

三　滋賀大学教育学部の五年間

縁あって五年間、滋賀大学にお世話になりました。

前任の東京大学教育学部で、二六年間、教育方法の講座を担当していました。機会があれば、次は教師教育に関わる大学をと希望していましたので、お誘いをうけたとき喜んで応諾しました。

それ以前にも、いくつか滋賀との縁がありました。

一九八二年に、長浜市で「国語教育を学ぶ会」の研究会があり、そこで話したことが、当時私が提案していた「授業のカンファレンス」が現場に広まっていく機会となり、滋賀県でも豊郷小学校の研究会に参加しました。

一九八六年に『授業を変えるために――カンファレンスのすすめ』(国土社)が刊行されたとき、最初に反応があったのが野洲町の教育委員会で、全町の先生と、ビデオをつかって長時間の授業研究をしました。滋賀に来てから、この研究会に参加されていた先生に出会うことがしばしばありました。

また、今年いっしょに定年になる関口茂久さんとは、大学一年のときから、高校時代の友人、水野欽司君を介して親交があり、久しぶりの奇遇をよろこびました。


滋賀大学に在籍した五年間は、後年、教員養成史において、教育学部、教育大学の危機の時期として記録されることと思います。

教育改革の論議の中で、教師の質、力量を高めることが課題とされ、それに即したカリキュラムや大学の教師教育の実践の改善が模索されていた時期でした。しかし、一方では少子化にともなう教員養成課程の学生定員の削減、新課程への振り替えが学部に求められ、それに加えて第三学部問題が大きな議論となり、それにエネルギーと時間がさかれました。さらに追い打ちをかけるように、最近の財政構造改革にともなう学生定員五千名削減の大波の襲来です。国の将来を考えるとき、いかにも展望を欠いた政府、文部省の施策と考えるのですが、このような状況のもとで、特につらかったのは、教員採用数の急減によって、教職を志望する学生の希望が困難となり、入学時の学習意欲がそがれて行くこと、そして、それに耐えて挑戦する学生への壁があついことでした。

教官の自主的な研究会である教師教育フォーラムで、教師教育の改革について話し合い、カリキュラムや講義の改革も進められ、来年度から始まる新科目「教育実践研究」(必修)など、地道な変化はあったと思いますが、大勢は危機的といえる状況であり、それは現在も進行しています。

教師教育において、今日、内外にわたって、重視されているのが現職教育です。学校、大学や県の教育センター、そして大学院において現職教育に関わる機会が多く、それらは楽しく勉強になる貴重な機会でした。

滋賀に来て間もなく、学校や研究会に来るようにと声がかかりました。授業研究への参加や「新しい学力観」をテーマとする講演の依頼でした。講演ではなく、授業に即して、学力の質を先生方と一緒に考えるという研究会なら参加しましょうということで、小、中学校の校内研究会に参加しました。県の教育センターや地域の研究会にも時間の都合がつけば参加し、授業の事例研究を試行しました。教育センターの研修は大人数の会でしたが、ビデオを使って、その場が研究会になるように工夫しました。

大学の教育実践研究センターの公開講座にも第一回から参加し、今年度はその講座を滋賀大学での最終講義にさせていただきました。最終講義は現職の先生方にも聞いていただきたいという希望がかないました。

現職教育でもっともやり甲斐があったのは、現職の大学院生が参加している講義、演習、そして論文指導でした。

長年にわたって、教育方法研究を進めてきた者が、現職の人を対象に講義や研究指導をして、それがかみ合うことなく、役に立たなければ、二六年間は何であったかが問われます。着任のときの自己紹介の小文で、それは「悲劇というよりは喜劇に近い」と記しました。それだけに、楽しさとともに緊張感を伴う経験でした。演習は、『戦後教育を考える』(岩波新書)、『授業研究の歩み　一九六〇―一九九五年』(評論社)、『授業研究入門』(岩波書店)など、私の著作を丁寧に検討してもらう有難い機会にもなりました。

また、学部の演習「授業の事例研究」には、現職の院生が参加し、実践者の立場からの発言により、問題を掘り下げることができ、学部生にとって有益であったことも有難いことでした。このような合同の演習の形式は今後さらに重要になっていくでしょう。

一番勉強になったのは、院生への論文指導でした。実践者である院生の問題意識、関心を生かしつつ、院生自身のための学問、研究をどのようにつくりだしていくのか、それにどのような援助ができるのか、東京大学での論文指導とは異なった難しさを感じました。単に、研究者の土俵のなかで指導するのではなく、実践者の土俵と重なった場での指導の模索は私の研究を新しくする機会にもなったと思います。

以上では五年間の出来事を中心に書きましたが、最後にこれからの学部にとって重要と考えることを書くことにします。

これまで教育学部の役割は教育養成（preservice education）とされてきました。現在、教師教育は現職教育（inservice education, onservice education）を含めて、さらには両者をつなげてとらえるようになっています。

教師の professional development は、教師としての生涯学習であり、それぞれのライフステージにおいてもとめられるものであり、現職教師をふくむ大学院の設置や教育実践研究指導センターの設置は、教育学部がすでに現職教育に深く関わっていることを意味しています。

教育学部は、広義の教師教育の場となることによって、存在理由をもつことができるとおもいます。教育大学はかつて学芸大学とよばれていたように、liberal arts の学部で、広範な研究分野の専門家の集まりです。これから求められる、学校をベイスとするカリキュラムや教材の開発にとって、貴重なシンクタンクであり、共同研究者を身近に求めることができます。

そのような協力関係によって、教育学部の可能性は開けて行くのであり、今日の危機は、そのような可能性に向けて踏み出す好機とも考えるのです。そのような教育学部の明日に期待します。

滋賀大学教育学部同窓会『会報』第四八号（一九九七年一一月）

3　授業の試みから

一　「教師のライフコース」演習

四月に着任した帝京大学の教育学の演習で、「教師のライフコース」をテーマとしている。教師自身の家庭での生育歴、学校で教育をうけた体験、教職を志した動機と学んだ体験、教職についてからの歩みと、そこでの教師として、人間としての成長、そしてそのような体験にもとづく教育や教職に関する意見をインタビューをとおして調査する演習である。かつて、長野師範学校の昭和六年卒業生を対象としておこなった共同研究、稲垣・寺﨑昌男・松平信久編『教師のライフコース—昭和史を教師として生きて』（東京大学出版会一九八八年）の発展として選んだテーマである。

ゼミでは、はじめに前掲の『教師のライフコース』によって、ライフコース研究の目的と方法を説明し、インタビューの記録によって、学生の祖父母の世代が生きた時代とその体験を紹介し、話し合った。学生と祖父母の世代のライフコースとの出会いであり対話である。

次に、学生が小学校から高校にかけて教わった教師から一人をえらび、共通の質問紙によってインタビューを行うことにした。質問紙は学生の原案を検討して作ったが、授業や学級づくりの工夫、一人ひとりの生徒の理解のために行っている工夫、現在必要と考える改革、教師をやめようとおもった事、「相性の悪い生徒、ウマのあわない生徒」への対応、教職を志す者へのアドバイスなど多様な項目からなっている。

先生へのインタビューは夏休みに行われたが、後期の最初の演習で、学生たちは異口同音に先生との再会とインタビューの収穫が大きかったことを話してくれた。現在、その報告が続いているのだが、学生は集中して、それぞれの出会いと感想に耳を傾けている。五〇人近い演習参加者による調査のまとめはこれからの作業になるが、学生の報告をきいて考えたことをいくつかあげておこう。

教職を志望している学生が、それぞれの理由と思いをもって一人の先生をえらぶ。そしてかつての教育体験をベースに、その体験を教師の側から話してもらい、自分の思い出とつきあわせる。教師と生徒の二つの立場から、教育という仕事を考える機会となるのである。また教職の先輩である先生の、自分の体験にもとづくアドバイスは、学生にとって最も説得力のあるガイダンスである。そして多くの先生方が、快く長時間にわたって学生の相手をしてくださり、そのような機会を持てたことをよろこんでくださったことも、うれしく有り難いことであった。

それはまた、私にとって、学生を介しての、多くの先生方との出会いの機会であった。ひとつひとつの報告を聞きながら、教師にたいする批判が厳しい今日、日本の各地に、学生に信頼され、学生を大切にされている多くの教師が健在であることを実感させられるのである。新しく始めたこの演習の試みは、多彩で、重層的なライフコースの出会いの場となった。

『月刊 健康』(一九九九年一月)

＊原題は「世代間の出会い―あるゼミの試み」

二 「国語科教育法」での試み

六七歳になって、新しい講義「国語科教育法」を担当している。かねてから一度持ってみたいと願っていた講義である。私の専攻は、教育方法史・授業研究であり、国語教育をテーマとしたことはなかった。しかし、長年書物を読み、文章を書き、そして授業研究として多くの国語の授業をとりあげ、また自分でも機会があれば、小・中・高校で国語の授業をやってきた経験にもとづいて、自分なりに国語教育として大切と考えることを、教職志望の学生に話したいと考えていた願いが叶ったのである。

半年二単位、一〇〇人近くのクラスである。国語教育の目標・内容をぎりぎりに絞って、(1)言葉に敏感になること、(2)日本語の文字の特徴を知ること、(3)文章の構造を把握することとし、文法は教材研究や授業の事例研究でとりあげることにした。

(1)と(2)については、最近の超ベストセラー、大野晋さんの『日本語練習帳』(岩波新書)の第一章「単語に敏感になろう」、第四章「文章の骨格」で取り上げられている。同書は大野さんの多年の講義、演習にもとづく実践報告である。講義の参考になり、また自習書としても最適である。

(2)については、私なりに次のような構成で進めている。(i)世界の文字と日本の文字(表意と表音、漢字とかなの併用)、(ii)漢字の歴史と文字の成り立ち、(iii)漢字の授業のビデオの視聴と検討の① 小学一年生『漢字を豊かに』今泉博・・（小学館児童教育振興財団ビデオライブラリー一四巻）、(iv)漢字の授業のビデオの視聴と検討の② 小学五年生『漢字の字源をたずねて』石井順治（稲垣・河合隼雄・谷川俊太郎他編『シリーズ授業第一巻』（岩波書店）、(v)私の授業の紹介・・日本と海外で行った文字の授業（稲垣忠彦著『授業研究のあゆみ――一九六〇――一九九五年』評論社）、(vi)学生による「文字の授業」構想とその報告・検討。

以上は講義のアウトラインであるが、ここで報告したいのは、(ii)で出した学生への宿題と、学生からの反応についてである。宿題のテーマは、「自分の名前の文字について、字典で調べて報告し、考えたことを書け」というものであった。自分の名前の文字は、学生にとって最も身近な漢字である。字典は、白川静『字通』（平凡社）を指定した。

この宿題は、学生にとってきわめて関心の高いテーマとなり、熱心に調べ、感想を記していた。二つほど紹介しよう。

「まず、一番驚いたことは、小学校からただ何気なく頭に入れていた漢字だったが、一文字一文字成り立ちにもいろいろな形や過程があり、さまざまに深い意味を持っていることです。勿論、自分自身の名前に於ける漢字の意味などあまり考えたことがないので、自分の名前の成り立ちや意味などを知るいい機会になりました。少し自分の名前が好きになった気がします。」「親に、名前の意味を聞いてみた。『隆志の隆は単に高いという意味ではない。隆盛という字があるように、高く勢いよく登る竜のように、高く勢いのあるという意味である。生きていく上で隆盛のごとく、高く勢いのある意志を持ってほしいという意味でつけた』と答えた。字典で調べて感じたのは、一つの字に意味が多くまた由来が深いことだった。さらに、自分の名前にものすごく深い意味が込められていて、今の自分にも勇気を与えるもので、自分の理想に近いものだったことがわかった。隆も志も会意文字だったが、隆は降りる力に対して、草が上へ伸びていくように上へ上へと盛り上がるという意味、志が心が目標に向かってまっすぐ進むことという意味から、隆志は、いろんな困難に遭っても、自分の意志や目標を高く盛大に持ち、上へ盛り上がって進むという意味だと解釈した。自分は小さい事で悩み易く、繊細だけれど、自分のしたいことや理想ははっきりあるから、この名前のようにいろんな困難にも自分のペースで解決して行きたい。志は隆くだけど、無理し過ぎたり自分を責めることのないように、自然体で冷静にそして着実に、チャンスの時は燃え上がる意志で大学生活を送ろうと思う。」

親から由来を聞いたことはあるが、初めて自分の名前を調べたという学生が殆どであり、またこの機会に親と話したという者も多かった。

この宿題以降、学生の講義への参加と態度は、はっきりと変わったように思う。また『字通』に直接ふれた経験はこれから永く生きるだろうし、白川静先生の業績を通して、学問の力や研究というものにふれることができたのではないかと思う。

大学教育の改革の基本は、地道な講義、演習の工夫ではないか。いや幼稚園から大学院まで、教育改革の基本は実践者の反省にもとづく実践の改造である。最近、F. D. という言葉（フロッピーディスクではなく Faculty Development の略）が流行し、それが大学審議会や文部省から督励されるという倒錯した現実がある。現在必要なのは、一人一人の実践の工夫と、その交流だと思う。大野さんの新書が広く読まれていることは、その一つの例として、心強い現象だと思う。

海野和三郎他編『私達の教育改革通信』第八号（一九九九年七月）

第四部　書評と随想

一　佐藤　学　『米国カリキュラム改造史研究—単元学習の創造』（東京大学出版会）

本書は、一九世紀の終わりから一九四〇年代にいたる米国カリキュラム改造史であり、単元学習の創造と展開に焦点をあてた教育方法史である。カリキュラムの歴史を、制度や形式の歴史としてではなく、学校をベイスとする開発の実践史として構築することが目的とされている。国内で入手可能な資料を渉猟し、さらには、米国の議会図書館や大学等の協力を得て、半世紀にわたる教育の革新、授業改造の歩みが叙述されている。

社会経済史的な背景としては、一八九〇年代からの「産業化と改革の時代を経て第一次大戦終結にいたる」時期、それにつづく「繁栄と都市化を経て大恐慌にいたる」時期、大恐慌以後の「経済の復興計画と第二次大戦の終結まで」の三期に区分し、その間の単元学習の多様な展開を、改造の動因となった教育改造運動の四つの系譜——「子ども中心主義」「社会的効率主義」「社会改造主義」「社会適応主義」——に対応して位置づけ、第I部、第II部では、単元学習の出発から一九二〇年代末にいたる実験諸学校での多様な開発と実践のモノグラフを、第III部では一九三〇年代以降の公立学校における単元学習の普及をとりあげて、開発と普及、普及にともなう問題点の考察を行うという構成をとっている。

カリキュラムと授業の実態を、実践史として構成し記述するには大きな困難がともなう。それは、数多くの多様な実践を、その時代、社会的状況、教育思潮を背景とする改革への個別的な動機と試みとしてとらえ、ひろく歴史的社会的文脈のもとで、個別的条件に即して、具体的な実践の相において考察するという、力業と繊細さを必要とするからであり、「史眼」と実践に対する臨床的「鑑識眼」とがあわせ求められるからである。

対象において、方法において、多くの困難をもつ課題に挑戦した本研究は、二つの「眼」をもつことにより、今後の研究への堅固な礎石を築いたと言ってよいだろう。したがって本書の検討においては、米国の社会と教育の歴史研究という広い文脈における評価と、とりあげられた個別の実践の評価という二つの視点が求められる。そのような検討が、米国の研究者と実践者をも含めて行われることを期待したい。私はヴィト・ペロン(Vito Perrone)の最近の論文集(*Working Papers: Reflections on Teachers, Schools and Communities*, 1989)とともに、本書が、改革を志向する米国の実践者に対して、実践のよりどころとなり、励ましとなることを確信している。

日本の教育方法史を専攻してきた私にとって、本書は、米国において展開してきた多様で豊かな改造と開発の事実を教えてくれ、また一九七〇年代以降の、私の米国における同時代史的見聞の背景を教えてくれるものであった。そして、米国での改造の歩みを介して、日本の教育方法史を再考する機会を与えてくれた。

この研究の出発点から論文の執筆過程において著者と対話し、若干の意見を述べてきた者として、ここでは、日本の教育方法史研究者としての感想と、著者の方法の基盤をつくってきた研究の歩みについてのコメントを記すことにしたい。

＊　＊

本書を読んで、日本の教育方法史との関連で考えさせられたこと三点を記しておこう。

第一は、ヘルバルト主義教授理論の受容における日米の対比である。イエナ大学を共通の源としつつ、同理論は米国では単元学習の展開の起点となり、日本では公教育教授定型の形成を媒介するものとなった。

米国の場合、「中心統合法」と「文化史的段階」に対応して、多様なコース・オブ・スタディがうみだされ、「方法的単元」は、教材の構成と子どもの思考過程の両面に注目したひとまとまりの学習活動としてとらえられている。教師は内容と方法とを統一して教材を構成する主体としてとらえられていたと言ってよいだろう。それに対して、日本では、「中心統合法」と「文化史的段階」は、国が定めた教育目的、教育内容を説明する概念とされ、内容、教材が規定されることによって「方法的単元」の意義は退化し、国によって定められた内容を伝達する手続きとして「形式的段階」が重視された。

教師が目的―内容―方法をとおして、実践の主体となるか、与えられた目的―内容の伝達者となるかの対比は、その後の教育方法史の展開に大きな違いをもたらしている。

わが国において、カリキュラム構成と授業における学校、教師のオートノミィは、今日にいたるまで制度的に規制されつづけているのである。

第二は、米国における単元学習の多様な創造であり、それを支える実験的態度とその持続である。学校をベイスとして、子ども、社会、文化に注目し、目的意識をもって、カリキュラム、単元学習が創造されている。そしてそれらが相互の批判や論争をへて展開されていく。そこには開かれた教育の世界、教育の文化が認められる。それぞれの時代、社会状況に対応しつつ、自律的な創造がみられるのである。

それらの理論や実践の多くはわが国にも紹介されてきた。パーカー、デューイ、キルパトリック等の理論やプロジェクト・メソッドなどの実践であり、ヴァージニア・プラン、カリフォルニア・プラン等の教育課程改造も、すでに戦前において紹介されていた。大正期、昭和初期における、わが国の教育改造の時代に、これらに触発された実践や、わが国独自の単元学習も創造された。また、戦後初期における、米国からの単元学習の導入と広汎な普及は周知のとおりである。しかし、国の教育政策や教育内容に対する制度的規制は、これらの改造の展開や持続を困難なものとしてきた。

本書の補章には、一つのドラマが記されている。論文を書きおえた後、はじめて訪れた米国で、著者は論文でとりあげた学校やその系譜をひく学校を訪れる。そこでは、出発時の思想と方法原理にもとづく実践が七五年の歳月をへて継承され、持続されていた。著者の歴史研究は、現在とつながるのであり、今日の実践者との交流がはじまるのである。それらの学校の訪問の記録は、昨年刊行された『教室からの改革―日米の現場から―』(国土社、一九八九年)に生き生きとえがかれている。

教育実践における目的意識、実験的態度、そして、時代に対応しつつ持続していく姿が、それを支える社会、文化の土壌の考察とともに、わが国の教育との比較という課題を動機づけるのである。

第三は、終章のしめくくりとしてあげられている単元学習への四つの課題である。米国の改造史をあとづけ、理論的、実践的な課題として、(1)単元学習の評価、とくに学習経験の質的な価値を評価する方法の開発、(2)単元学習と「基礎・基本」の学習の関連、「基礎・基本」概念の再検討、(3)個別の単元学習とカリキュラムのバランス、系統との関連の考察、(4)単元学習を担い、その質を具体的に決する教師の力量の四つがあげられている。

これらは、日本における授業改造の歴史においても課題とされるべき問題であり、また、英国の子どもの学習活動を中心とするトピック学習が、現在ナショナル・カリキュラムの実施のもとで検討を求められている課題でもある。

本書をとおして、学校、教師のオートノミィ、実践における実験的態度と実践の持続、そして、当面する課題の共通性が、歴史の問題としてだけでなく、今日の実践的な課題としてうかびあがってくるのである。

* *

著者との一六年間のつきあいにもとづき、著者の研究の歩みを紹介したい。その歩みが本書の方法、とくに著者の「史眼」と臨床的「鑑識眼」の基盤を形成してきたと考えるからである。

大学院修士課程における佐藤氏のテーマは、「城戸幡太郎・山下徳治における教育技術論」であった。城戸幡太郎、山下徳治、波多野完治氏等、教育の実践に注目し、国家の実践に対する規制のなかから、教育実践、理論の自律的形成を研究の課題とされた先学の昭和初年の研究と論議を検討したものであり、修士論文では、歴史、社会、文化との関連で、子どもの発達、教育価値、教育技術、教材等が中心的なカテゴリーとしてとりあげられ、とくに「教材、技術」と「歴史、社会、文化」との関連に着目されていた。

博士課程にすすみ、私の「教育方法史演習」に参加してとりあげたテーマが、ヘルバルト主義の「方法的単元」の研究であった。米国のカリキュラム改造の主軸となる単元学習の展開の基点として、また日本の方法史との対比において、米国での多様な実験、展開と、それを支える社会、文化に注目した研究であった。その研究は本書の第一章におかれている。

一九八〇年に三重大学教育学部の教官に着任されてからも、米国の教育方法史の研究がつづけられた。資料としては、戦前の東京大学で阿部重孝氏が集められた資料、三重大学の先任者である杉浦美朗氏が集められた資料、アメリカ文化センターの資料、そして、米国議会図書館、コロンビア大学等の資料が活用された。多忙な教育活動のなかで、これらの資料にもとづく研究が、本書を構成する多くの個別の実験校のモノグラフとしてまとめられ、『三重大学教育学部紀要』に発表されていった。

一〇年におよぶ研究の過程で、著者の実践をみる目を養い鍛えていったものとして、私は教師教育との関り、多くの実践者との関りが重要な意味をもっていたと思う。

それらは、教育方法の教官として担当する教師養成の実践であり、卒業生である若い教師たちへの懇切な援助であり、「国語教育を学ぶ会」をはじめとする研究サークルや、学校を単位とする授業研究への精力的な参加であり、三重県の教育センターにおける現職教育の企画と指導等である。そのような実践との関りや授業研究の一端は、先にふれた『教室からの改革―日米の現場から―』に紹介されている。

教師教育への参加と実践によって養われた臨床的「鑑識眼」は、米国の単元学習の実践に対する考察を支え、具体的な教育内容の選択、教材の編成、授業とそれを担う教師への洞察をリアルにし、深めていったと考えるのである。そのことは、初期に発表された論文から本書にいたる著者の考察や表現の発展によってみることができる。そのような実践と研究とのつながりは、教育実践の歴史的研究において不可欠ともいうべき条件であるが、著者において、実践と研究との結合は、教師教育を媒介として、自然さと必然性をもって進められてきたと回想するのである。また、米国の自由な、実験的なカリキュラム改造、単元開発の研究が、日本の教育実践を広い視野でとらえる基盤となったという関連も重要だと思う。

私自身、三〇余年の研究の歩みのなかで、教育方法史、授業研究、そして、英米との比較研究をテーマとしてえらんできた。それらが、関連をもち、相互に支えあうものとして、私の研究意識を構成してきたと考えるのであるが、佐藤氏にあっては、早い時期から、歴史的研究、比較研究、授業研究が、教師教育という具体的な課題のもとに、密接な構造をもち、とりわけ教師教育の実践をとおして、独自の研究方法が形成されてきたと思う。

本書の刊行に際して、佐藤氏の歩みをふりかえり、心からの喜びを記すとともに、そこに、後生に対する畏れと羨望の気持ちも含まれていることを告白しておこう。


同書「刊行によせて」(一九九〇年一二月)

二　佐藤　学『カリキュラムの批評』(世織書房)

四八四ページの大冊に、三三の論稿が収められている。そしてその一つ一つに、濃密な言語と論理がぎっしりとつまっている。どのようにこれを読むのか。一つの試読として紹介することにしよう。

執筆の時期は一九八五年から九六年にわたる。その初期は、著者が学位論文である『米国カリキュラム改造史研究――単元学習の創造』を完成されたころであった。米国の多様なカリキュラム改造の系譜を、歴史的、理論的構造として考察した著作であり、その研究にもとづいて、本書の「カリキュラム開発と授業研究」(八五年)、「カリキュラムを見直す」(八七年)において、カリキュラムと授業をとらえる枠組みが歴史的、理論的に提示されている。

それ以後の一〇年間の論稿は、同時代の教育の動きに対する状況的発言である。多岐にわたる問題に対して、本質をとらえた明快な発言がつづけられている。この一〇年間はどのような時期であったのか。第一に、教育改革論の季節であった。臨教審、中教審などの上からの改革論は、「個性化」「新しい学力観」「総合的学習」などの言葉をローラーにかけるように普及させてきた。本書では、そのような言葉と施策の浸潤にさらされる「教育実践の風景」(Ⅵ)が検討され、「混迷の中の教育改革」(Ⅳ)の問題点が指摘される。それらは、著者が継続的に訪ねてきた米国の学校や教育の動向を引照しつつ論じられる。この対比は、米国の教育の病理と、持続する改革の示す可能性の両面から、わが国の教育の問題を考えさせてくれる。

第二に、この一〇年間はカリキュラム論において、「ポストモダンの言説」が移入された時期であった。学習指導要領によって制度的な規制を強く受けている学校と教室の実態とのかかわり、緊張を欠いた「言説の流行」との対決が、本書の「カリキュラム論」の基調をなしている。学校と教室におけるカリキュラムの創造という実践と、その実践を支えうるカリキュラム理論との統一が、学習における共同性、カリキュラムにおける公共性の形成を志向しつつ意図されているのである。

以上のような構成において、本書は、現在の教育を考える豊富な手がかりを提供する、触発力のある論集である。この一〇年、著者は以上の発言と併行して、教育実践、とりわけ授業の考察と、教師教育への発言を続けられてきた。その系列の論集は、近く世織書房から『教師というアポリア――反省的実践へ』と題して刊行される予定とのことである。二冊がセットとして読まれることによって、本書の意義はより明確なものとなると思う。

『児童心理』（金子書房、一九九七年六月）

三　佐藤　学　『学びの快楽』（世織書房）

世織書房から、『カリキュラムの批評』（一九九六年）、『教師というアポリア』（一九九七年）につづいて、『学びの快楽』が刊行された。三部作である。「学校改革とカリキュラム」、「教師と教育実践研究」を主題とする前二著にたいして、本書の主題は、学びと、学びの理論の考察であり、そして著者自身の研究者としての学びの実践である。

この本に限ったことではないが、佐藤さんの文章は、どこをとっても血が流れている。血液が動脈と静脈をとおって、全身を巡っているように、実践と理論を往復し、教育の現実を断片化することなく全体として把握し、その時点、その場面での課題を提起し、行動されている。

たとえば三三五ページを開こう。研究者と実践者の関係について、「授業を創造した経験の乏しい研究者が、教壇で豊富な体験をもっている教師を一方的に指導するという転倒した関係が、繰り返し再生産されている」とし、その異様さを指摘すると同時に、そのような空疎な指導を求め、実践からの理論の形成を自らの課題とすることのない教師をきびしく批判している。

では、佐藤さん自身の実践はどのようなものであるのか。その証言として、本誌の読者は、『学び方』一九九九年三月号の特集、浜之郷小学校の記録「学び・育ちあう『学びの共同体』としての学校の創造」

を読み返してほしい。一九九六年刊行の『カリキュラムの批評』と大瀬さんとの出会いから始まる、理論と実践の交響のドラマをそこに見ることができるだろう。それは本書の最後におかれている「学校の再生へ」のしめくくりに予告されている実践であり、わずか三年間たらずの同時代の記録である。現実に、このような改革が進行していることに驚くとともに、それが前述の、実践と理論との交響の結実をしめすものであることが重要であると考えるのである。

日本の教育をふりかえる時、五〇年前、学校や地域でのカリキュラムづくりを指導した多くの研究者がいた。また三〇年以上にわたって、一つの学校の実践を指導してきた研究者も存在する。しかし、実践者と研究者の関係において、佐藤さんと学校・教師の関係は、それらの先例とは質を異にするものだと思う。それは、先に引用した文章の、研究者としての佐藤さんの実践といってよいだろう。

地域をふくめた改革の動きは、教育行政における最近の変化を背景としていることは事実である。そしてその変化を活かし、学校の改革、再生を実現しうるかどうかの鍵が、本書をふくむ三部作に豊かに示されていると思うのである。

『学び方』（日本学び方研究会　一九九九年一二月）

四　寺﨑昌男・「文検」研究会編『「文検」の研究―文部省教員検定試験と戦前教育学―』（学文社）

（一）

「文検」という言葉から、昭和初年うまれの筆者は、次の二つの記憶をよびおこされる。

一つは「文検」で資格をえた二人の中学教師である。一人は広島県呉一中の数学教師で、隣人であった。兄が同校の生徒だったが、家族での、その先生にたいする評価は高く、尊敬の念をもって話題となっていたことを、幼少の頃の思い出として記憶している。「文検」の難関を突破されたこと、家庭での生活において勉強家であったことと共に、すぐれた教師としての評価もふくまれていたとおもう。もう一人は、私が教わった萩中学の地理の先生だった。風格があり、授業が明解であったという記憶がある。他の帝大出、高師出の教師と異なった印象、孤高といえる印象がのこっている。

もう一つの記憶は戦後のことになる。助手の時、ある中学に見学にいった。そこの校長が、同行した教授をさして、かつて師範学校で同僚であったこと、現在は二人の間に大きな距離があることを話された。一方、帝大出の教授は、帰りに「あの人は文検出なんですよ」と、師範の大学昇格の時のいきさつを話された。戦前の中等教員の世界にある、格差をふくんだ教員文化と、それが新制大学創設の人事に顕在化した事実にふれた気がした。私にとって「文検」は、そのように幅のある、複雑な対象である。

今回、書評を書くに当たって、同世代の知人に、中学や師範で教わった「文検」出身者の、教師としての印象を訪ねたのだが、消極的な評価も含めて多様であった。「消えた制度」としての「文検」は、一筋縄ではいかない研究対象である。

『「文検」の研究』を主題とする本書は、どのように「文検」を解明してくれるのだろうか。そしてその研究は、現在とどのようにつながっているのだろうか。

なぜ「文検」に着目するのか。共同研究を提案された寺﨑氏は序章で、研究の目標として、（一）教師教育史研究の欠落を補うこと、（二）中等教員養成史の開拓、（三）日本近代教育学の歴史的性格の解明、（四）師範学校における「教育科」の変遷をあげている。そして、この目標に対応して、本書の構成は、第一章「文検」の制度と歴史（船寄俊雄）、第二章「教育科」「教育ノ大意」の試験問題（西山　薫・岩田康之）、第三章「文検」と教育学者（榑松かほる）、第四章『教育修身研究』と島為男（竹中輝雄）、第五章「教育科」合格者の学習体験とライフコース（菅原亮芳）からなり、終章「資格制度・教育学的教養・自己学習」（寺﨑昌男）で締めくくられている。以上の研究編につづいて、一六六ページにおよぶ資料編が付されている。

目標の（一）（二）に対応するのは第一章であり、他の章は（三）（四）に対応しているといってよい。内容からみると、「文部省教員検定試験と戦前教育学」という副題が主題であり、『「文検」の研究』としては部分的である。題を補うならば、「「文検」によって制度化された教育学と「文検・教育科」に挑戦した教師たち」となるだろうか。

（二）

本書から学んだこと、考えさせられたことは多い。

第一は、第一章の「文検」の制度と歴史である。未知の事実について教えられ、また多くの資料によって、この研究に参加しながら読むことができた。つづいて、第一章から第二章以下に進むとき、その間の断層にであうことになる。第二章の前に、「文検」の実態と、「文検・教育科」の位置づけが必要なのである。この断層をうめるためには、（一）「文検」の合格者は、中等教育のどの学校に勤務していたのか（大学、高師等卒業の教師をふくめた構成、分布の事例が、県レベルで明らかにされるといい）、（二）教員養成機関である師範学校での「文検」合格者の位置（教育科以外をふくめて）、（三）「文検」のなかでの「教育科」の特質の考察が必要ではないだろうか。特に（三）については、国語、数学、地理など他の教科との違いがある。他の教科の場合は、試験内容の主体が教授内容と技術からなり、その学問や技術の学習、実習がもとめられる。教育科においては師範学校の教育担当の場合をのぞいて、教授の内容とは離れた理論、学説、事項の学習となる。そのような意味で、教育科は「文検」全体のなかでは、特殊な位置にあるといえるのではないか。

第二に、本書で最も興味深く読んだのは、第四章、第五章の、教師における受験の実態と、その意義である。『教育修身研究』への注目、島為男の軌跡と彼を中心とする「永福同学の会」とネットワーク、彼らへのアンケート、インタビューによる受験の実態、ライフコースの研究、さらに受験雑誌による体験記の分析等、記述をとおして筆者等の研究過程における興奮が伝わってくる。本書が「教育科」への偏りをもたらしたのは、編者の問題意識とともに、これらの資料や調査対象者との出会いの興奮によるものだろうと思えるのである。

受験の動機について、ステイタスを求めてではなく、「小学校での教育体験や職場生活のなかで『教育とは何か』『実践を指導する原理とは何か』という問いを抱くようになり、教職者としての力量の充実と自分自身の学問的教養を高めることを主要な目的として、受験し、合格、その後もそのように行動したらしいということがはっきりした」(二五七ページ)と結論されている。留保をつけてのこの結論を否定するものではない。しかしもう一歩すすめて、その受験にむけての学習の内実が、実践者である受験者の自己学習としてどのような意義をもちえたかが問われるだろう。第二章の試験問題、第三章の「文検と教育学者」の分析と関連しての考察が弱いように思うのである。

第三に、「『文検』と教育学者」は、克明な調査であり、彼等の履歴や「文検」との関わりについて多くの知見をえることができた。委員がどのように選ばれたのか、出題と教科書の執筆によってどのような権威をもっていたかの実態はよくわかるのだが、それをこえて、「文検教育学」の特質と問題は何であったのか、それらは教育研究としてどうであったのかの考察が必要であろう。とくに、受験者の多くが小学校の教師であり、合格者の多くが、合格後も小学校教師として生きたことを考えるとき、受験のための学習が、彼等の実践とどのようなつながりをもっていたのかの掘り下げがほしいのである。私には、第四、五章にみられる教師の意欲とエネルギーが、実践とはなれた学習、受験勉強に吸収されていったように思えるのである。それは教授内容の学習が中心である他の教科の場合と違いがあるのではないか。また、他の教科の場合においても、教授内容の学習と実践との関連については乖離があったといえるだろう。

第四は、はじめにあげたエピソードの問題である。私の見聞の範囲のことであるが、師範学校から大学への移行における資格審査において、おおくの「文検出」の師範教員が失格となったのではないだろうか。「合格後のライフコース」の資料（二四七—八ページ）では、四一の事例のうち、師範教員であった七名がいずれも師範から大学への昇格後に、小・中学校等に移動している。教育科だけではなく、他の教科をふくめて、多くの文検出身者が審査において失格となったのではないか。そのことは、師範学校のなかで形成されてきたプロフェッショナリズムが、当時の教員養成をめぐる論議のなかで、アカデミズム重視の審査によって閉ざされたことを示してはいないだろうか。そして、その問題は五〇年をへて、今日の教員養成大学の問題とつながっている。小学校の教師の経験をもち、文検の資格をとり、師範学校の教員となって教師教育において貢献した教員（例えば福井師範の上田三平をあげることができる。『日本の教師　二〇巻　教師の教育研究』ぎょうせい参照）は決して少数ではなく、そのようなプロフェッショナリズム形成への動きが、戦後軽視されたと考えるのであり、それは今日につながる教師教育の克服さるべき課題と考えるのである。先述の七人にふみこんだインタビューをしてみたい気がする。

（三）

本書は「文検」の研究としては部分的であり、したがってその第一歩なのだと思う。そして、それは大きくは、今日につながる問題をふくむ鉱脈への第一歩と考えるのである。この共同研究の継続と発展を願って、今後にむけてのいくつかの要望を記しておきたい。

第一は、教育科をこえて、他の教科をふくめた共同研究により、正面からの『「文検」の研究』に発展することを期待したい。

地理科では、先行の佐藤由子『戦前の地理教師―文検地理を探る』（古今書院　一九八八年）があり、これら他の教科との比較によって、教育科の特質が明らかとなり、さらに教科ごとの特質も明らかになっていくだろう。習字、図画、体操など実技系にもぜひ注目してほしいのである。

第二は、中等教育史、中等教員養成史としての掘り下げである。

本研究とほぼ平行して、寺﨑氏は「日本の近代化過程における『知』の配分と統合」をテーマとされていた。その「知」は、初等義務教育段階の「基礎」的教養と、高等教育段階の教養、専門学識によって構成されていたとし、その構造と特質、「試験勉強」によってもたらされるその歪みの究明を課題とされていた（寺﨑昌男他編『近代日本における知の配分と国民統合』第一法規　一九九三年）。中等教育の教育の実態と、それを担う中等教員の学識・教養等の考察は、この課題にとって不可欠のテーマであり、初等と高等の間にある、多様な「知的形成」のルートの分析が課題としてうかびあがってくる。その中で、高等師範、文検合格者、大学卒等の中等教員のそれぞれの特質、即ち学問研究の体験と受験勉強、教師としての経験の有無などによってもたらされる教育の特質や教師文化と、それが生徒にあたえた影響等に挑戦してほしいのである。これも、今日おおくの困難をかかえる中等教育の教師の質を考えるとき、きわめて重要な課題である。さきに、大きな鉱脈と記したのは、右のような期待にもとづくものである。

第三に期待したいのは、文検合格者の教師の事例研究である。

第五章では、「合格者の中の著名人」として紹介されているが、「著名人」としてではなく、中等教育、師範教育における実践者としての注目である。とりあげられている及川平治の場合をみると、まさに小学校での教職経験、文検の受験、師範学校教員・主事の経歴を通して、教育実践にもとづく教育研究をすすめ、主事として教員養成、現職教育をすすめている（伊藤真治『及川平治における分団式動的教育法の形成とその実践』滋賀大学大学院教育学研究科修士論文一九九七年度）。さきにふれた上田三平は、東洋史・地理の合格者であるが、教員養成、現職教育に貢献している。このような努力によって、師範学校におけるプロフェッショナリズムの伝統は形成されつつあったのである。また中学校において、その実践をとおして生徒から多くの地理学者をうみだし、教職についた卒業生に深い影響をあたえ、また長野県において現職教育に貢献した諏訪中学の三沢勝衛など、中学校等での実践者の研究も重要だろう。これは量的な研究ではなく、教職体験と文検の受験が、その後の師範学校、中学校での実践において、どのように統一的に展開して行ったかという課題となるだろう。

書評をこえて、多くの注文を書かせてもらった。それだけの、触発性のある共同研究であったと思う。

『日本教育史研究』第一七号（一九九八年八月）

五　上野省策先生のこと

一九九九年四月七日の早朝に、上野省策先生が亡くなられた。八七歳だった。安らかな先生のお顔を、ベッドの横のダ・ヴィンチの「聖母子とアンとヨハネ」のマリアが見守っていた。また、居間の棚には、一九九五年にウィーンからお便りした、美術史博物館のデューラーの「婦人像」のカードが飾られていた。翌日の各紙には一〇人近い訃報がのせられていたが、自宅でご家族に看取られての最期は先生お一人であり、しあわせな終末だと思った。

先生はデューラーとダ・ヴィンチがお好きだった。自由美術協会の会員であり、反戦、平和をテーマとする作品で知られているが、誠実な職人の筆づかいが先生の作品の特長であったと思う。

東京美術学校の図画師範科を卒業されて、東京の公立小学校の美術教師、美術教科書の編集者等をへて、神戸大学の美術教育の教授をされ、定年後は自由に制作をされていた。

戦争末期、学童疎開で群馬に移られ、そこで斎藤喜博先生に出会われて、永く交友が続いた。島小学校の校長時代、斎藤先生が子供たちの作品を抱えて、東京の上野先生を訪ね、批評と助言をきき、夜行列車で学校に帰られて、先生方に助言されていたというエピソードを斎藤先生から伺ったことがある。

そのような関係から、一九七〇年代の始めに「教授学研究の会」に講師として来ていただいた。先生のコメントは、具体的で明快であり、なによりも子供と教師にたいして暖かいものであった。制作におりそがしいことは承知していたのだが、当時、東大教育学部で開いていた、実践者と研究者の授業研究の集まり、「第三土曜の会」に来ていただけないかとお願いした。先生は快くおひきうけ下さり、二、三度でもと思っていたのだが毎回参加していただいた。美術の報告も増え、第三土曜とは別に、美術の実践を中心とする「第一土曜の会」を始めることになった。

それは贅沢な会だった。午後一時に美術館やデパートの展覧会場に集まり、上野先生のガイドで鑑賞ツアーをする。そのあと東大で、クラス全生徒の作品を壁にはり、実践の検討会をする。子供の表現の見方、技法、指導を具体的に学びあう会だった。会の後の食事をとりながらの雑談も、楽しく有益な時間だった。この会の発展として、一九八四年の夏には、先生を中心にヨーロッパに出かけ、マドリッド、ローマ、フィレンツェ、パリと、美術館を巡った。三〇人のグループの大半は小・中学校の実践者だった。

東大での第一土曜の会が終わってから一〇年近くになる。しかし、その水脈は持続している。お茶の水女子大学を会場として、上野浩道さんを世話人とする美術教育研究会が続き、また最初に上野先生に、実践をみていただいた前島正俊さんを世話人とする実践研究会・糸杉の会でも美術の実践が毎月、報告されている。

さらに、会は台湾にも伝播していった。「第一土曜の会」の熱心な参加者だった留学生の林曼麗さんは、帰国したら台湾で第一土曜の会をやりたいといっていた。『近代日本図画教育方法史研究―「表現」の発見とその実践』(東大出版会)で学位をとられ、帰国後、林さんは国立台北師範学院で美術教育を担当し、実践者との研究会をはじめ、それは台湾各地の師範大学にも伝播し、実践と研究のネットワークが形成されていった。林さんは現在、台北市立美術館館長を兼ねているが、一九九七年一二月、同館を会場として、日台美術教育研究会が開かれ、双方から五人ずつ実践の報告を行い、それをめぐって、実践者と研究者の討議がおこなわれた。それは新しい、実践を中心とする国際交流の研究会となった。

一九九八年一月から四月にかけて、台北市立美術館で、「梅原龍三郎と郭柏川」の企画展が開かれた。郭は一九二八年から三三年にかけて東京美術学校に留学し、梅原との交流が始まり、梅原は一九三三年から三六年にかけて四度も台湾をおとずれ、おおくの作品を残している。梅原は上野先生の美校時代の教授であり、林さんは郭の台北師範大学での最後の学生であった。さらに私的な縁を加えれば、私の東大入学時のクラス担任は、早逝された梅原の子息、梅原成四助教授だった。

六月一二日に、東京で「上野省策先生を偲ぶ会」が開かれ、参加者がそれぞれに先生から学んだことを語り合い、その願いと志をうけついでいく場となった。


『学び方』（日本学び方研究会　一九九九年八月）

六　クレタへの旅

一九九七年の十月にギリシャに行き、念願のクレタ島を訪ねることができた。

始まりは一九七五年、オックスフォードのアシュモレアン博物館だった。クノッソスの宮殿遺跡を発掘したエヴァンスの部屋に飾られていた壺《つぼ》に、ひきつけられたのである。がっしりとした壺と、そこに描かれた蛸《たこ》や草木の伸びやかな線。博物館を訪ねるたびにその部屋で時間を過ごした。そのころ刊行された上原専祿先生の『クレタの壺』（評論社）に収められた、同名の随筆にも誘われて、是非一度と思ってから、なんと二二年である。

旅にはいろいろな発見がある。

エヴァンスの胸像にあいさつをして、宮殿の遺跡を歩きながら、どこかこれと似たたたずまいがあったという気がした。それは旧帝国ホテルであり、シカゴで訪れたフランク・ライト設計の邸宅であった。ライトはクノッソスに来たのだろうか。新しい宿題ができる。

秋の陽光の中の大きな壺。有馬朗人氏がクレタで詠まれた句、「深々と永き日をため酒壺三つ」は私の好きな句である。どの壺だろうかと探しながら、ふと、これらの壺は作られてからの三千五百余年のうち、ほとんどの期間は地中に埋もれ、陽光の下にあったのは短い期間だったということに思い当たった。同様なことは、私のギリシャ史認識についてもいえることだった。ギリシャ神話、古典期やヘレニズムのギリシャについての知識は、一応はあるものの、それ以外の歴史については、極めて心もとないのである。それを思い知らせてくれたのはギリシャの通貨であった。

アポロ（一〇〇〇ドラクマ）、アテナ（一〇〇D）の紙幣、アリストテレス（五D）、デモクリトス（五〇D）のコインは分かるのだが、一九世紀のトルコに対する独立に関連のある通貨が多いことを知り、改めてローマ、ビザンチン、トルコ、近くは第二次大戦下のイタリア、ドイツの支配や占領下のギリシャについては、ほとんど無知であることを自覚させられたのである。

使用されることの多い二〇〇ドラクマ紙幣は、表は一八二一年の対トルコ独立戦争のリーダー、リバス・ペレオスの肖像であり、裏は［秘密の学校］の絵である。トルコの支配下に禁じられていたギリシャ語による教育が、ギリシャ正教の僧によって行われている絵であり、もう一人の大人に守られて、カーテンをしめきった部屋で子供たちが学んでいる。カーテンが明るいのは昼間の情景なのだろう。クレタも第二次大戦中にナチス・ドイツの落下傘部隊により占領され、それに対する抵抗運動が続けられたということだった。

これまでのギリシャ史の空白が、僅《わず》かだけ埋まるとともに、新しく多くの宿題ができた旅になった。

『かんぽ資金』（簡保資金振興センター、一九九八年二月）

〔著者紹介〕

1932年広島県に生まれる。東京大学教育学部を卒業し，1962年同大学院を修了。東北大学助手，宮城教育大学助教授，東京大学教授，滋賀大学教授を経て，現在，帝京大学教授，東京大学名誉教授。

〔主要な著作〕

＜著　書＞

明治教授理論史研究―公教育教授定型の形成―　(1966年，評論社)
現代日本の教育―状況と創造―　(1972年，評論社)
授業における技術と人間―教授学ノート―　(1974年，国土社)
アメリカ教育通信―大きな国の小さな町から―　(1977年，評論社)
学校を変える力　(1982年，評論社)
戦後教育を考える　(1984年，岩波書店)
授業を変えるために―カンファレンスのすすめ―　(1986年，国土社)
授業を変える―実践者に学んだこと―　(1988年，小学館)
授業研究の歩み―1960-1995年―　(1995年，評論社)
授業研究入門（佐藤学と共著）　(1996年，岩波書店)
総合学習を創る　(2000年，岩波書店)

＜編著書＞

戦後日本の教育改革 第6巻 教育課程総論　(1971年，東大出版会)
子どものための学校―イギリスの小学校から―　(1984年，東大出版会)
教師のライフコース―昭和史を教師として生きて―　(1988年，東大出版会)
日本の教師文化　(1994年，東大出版会)

＜編集等＞

近代日本教育論集 第8巻 教育学説の系譜　(1972年，国土社)
長野県教育史教育課程編（全3巻）　(1974-9年，長野県教育史刊行会)
近代日本教科書教授法資料集成（全12巻）　(1982-3年，東京書籍)
岩波講座　教育の方法（全11巻）　(1987-8年，岩波書店)
シリーズ授業―実践の批評と創造―(全11巻)　(1991-3年，岩波書店)
日本の教師（全24巻）　(1993-5年，ぎょうせい)

評論社の教育選書31　教室からの教育改革　同時代との対話

2000年9月10日　初版発行

著　者　稲　垣　忠　彦
発行者　竹　下　晴　信
印刷所　㈱平河工業社
製本所　小　林　共　文　堂

発行所　株式会社　評　論　社
(〒162-0815) 東京都新宿区筑土八幡町2-21
電話 営業(03)3260-9409　FAX(03)3260-9408
編集(03)3260-9406　振替00180-1-7294

ISBN4-566-05131-5　落丁・乱丁本は本社にておとりかえいたします。

稲垣忠彦 著

明治教授理論史研究〈増補版〉

——公教育教授定型の形成

海後宗臣 序　寺﨑昌男 解説　A5判　上製箱入　五六四頁

授業研究の歩み〈評論社の教育選書27〉

——一九六〇—一九九五年

四六判　上製　四五六頁

アメリカ教育通信〈評論社の教育選書28〉

——大きな国の小さな町から

四六判　上製　四六三頁